Impressum
Verlag: BABADADA GmbH, Nedderfeld 112 , 22529 Hamburg
Geschäftsführer / Verlagsleitung: Harald Hof
Druck: Books on Demand GmbH, In de Tarpen 42, 22848 Norderstedt

Imprint
Publisher: BABADADA GmbH, Nedderfeld 112 , 22529 Hamburg, Germany
Managing Director / Publishing direction: Harald Hof
Print: Books on Demand GmbH, In de Tarpen 42, 22848 Norderstedt

el colegio

مکتب

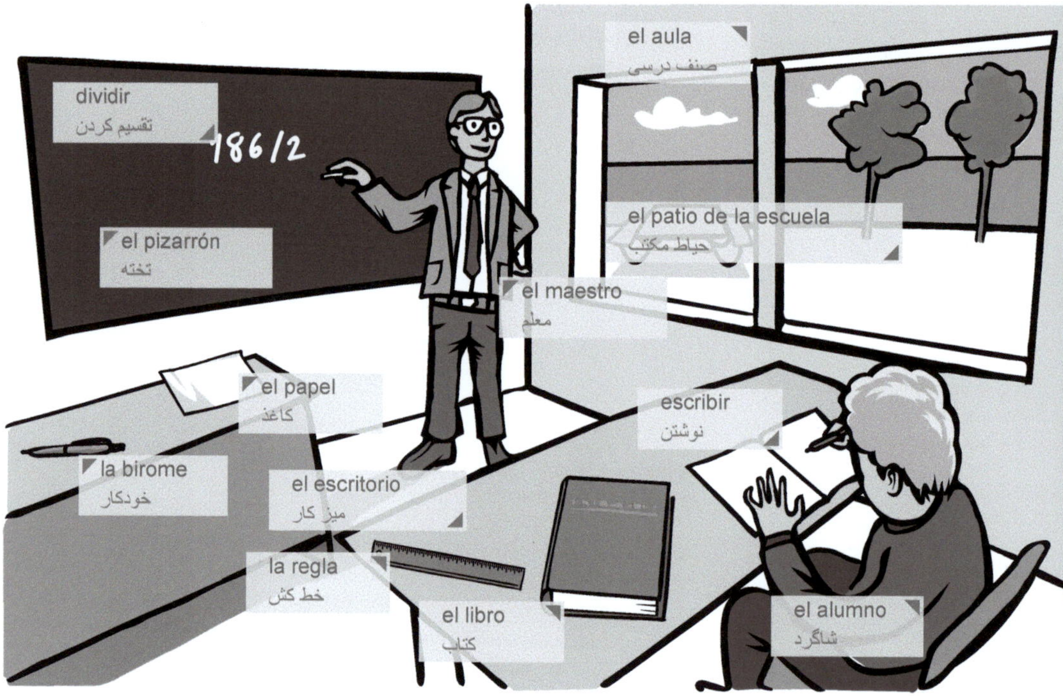
el aula
صنف درسی
dividir
تقسیم کردن
186/2
el pizarrón
تخته
el patio de la escuela
حیاط مکتب
el maestro
معلم
el papel
کاغذ
escribir
نوشتن
la birome
خودکار
el escritorio
میز کار
la regla
خط کش
el libro
کتاب
el alumno
شاگرد

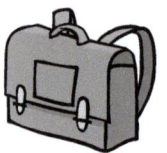

la mochila

بیگ مکتب

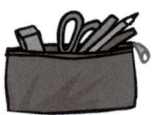

la caja de lápices

قلم دانی

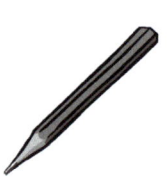

el lápiz

پنسل

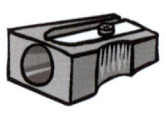

el sacapuntas

پنسل تراش

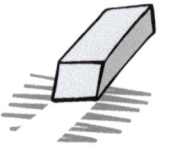

la goma (de borrar)

پنسل پاک

el bloc de dibujo

کتابچه رسم

el dibujo

نقاشی

el pincel

برس رنگ زنی

la caja de pinturas

بکسک رنگه

la tijera

قیچی

el pegamento

سریش

el cuaderno de ejercicios

کتاب تمرین

la tarea

کار خانگی

el número

عدد

sumar

جمع کردن

restar

تفریق کردن

multiplicar

ضرب کردن

calcular

حساب کردن

la letra

حرف

el abecedario

الفبا

la palabra

کلمه

el texto

متن

leer

خواندن

la tiza

تباشیر

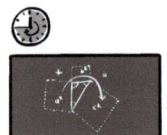

la lección

درس

el cuaderno de clase

ثبت نام

el examen

امتحان

el certificado

تصدیق‌نامه

el uniforme escolar

یونیفورم مکتب

la educación

تحصیل

la enciclopedia

دانشنامه

la universidad

پوهنتون

el microscopio

مایکروسکوپ

el mapa

نقشه

el tacho (de basura)

سبد کاغذ باطله

el viaje

سفر

el hotel
هوتل
Grand
el hostel
لیلیه
ROOMS
la casa de cambio
دفتر صرافی
CHANGE
la valija
بیگ سفری
el auto
موتر

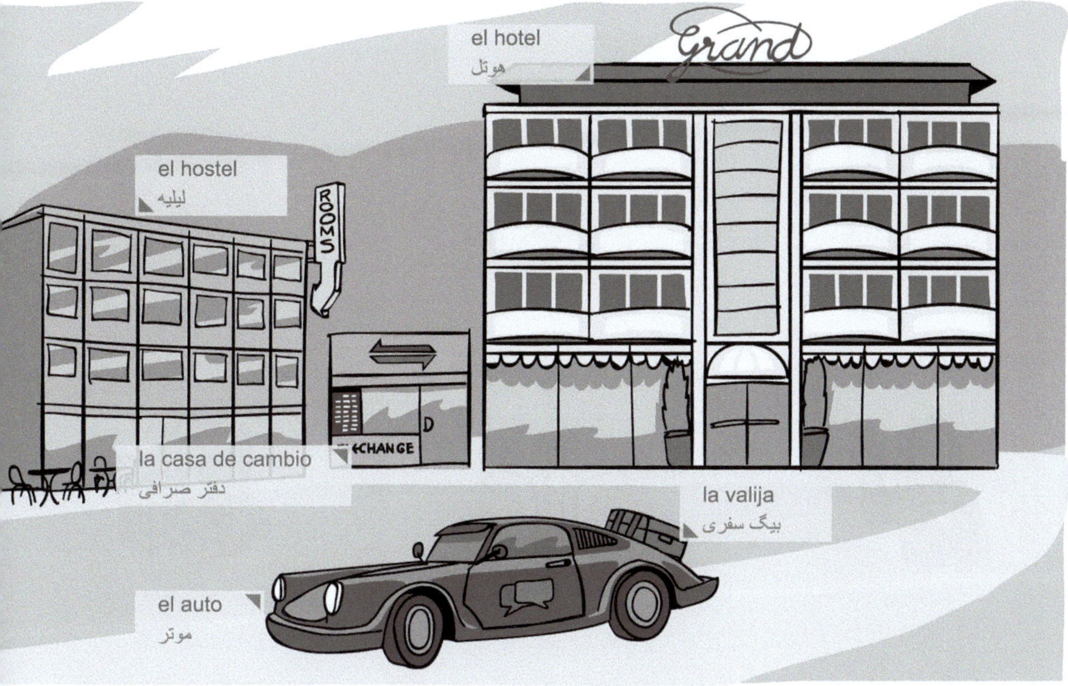

el idioma

زبان

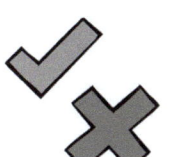

sí / no

بلی / نخیر

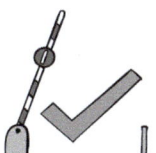

Está bien

بسیار خوب

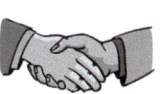

hola

سلام

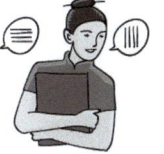

el traductor

مترجم

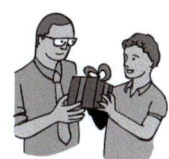

Gracias

تشکر از شما

¿cuánto cuesta…?

قیمتش چقدر است؟

No entiendo

نمی فهمم

el problema

مشکل

¡Buenas tardes!

عصر بخیر! / شب بخیر!

¡Buenos días!

صبح بخیر!

¡Buenas noches!

شب بخیر!

el adiós

خداحافظ

la dirección

مسیر

el equipaje

بار مسافر

el bolso

بیگ

la mochila

بیگ پشتکی

el invitado

مهمان

la habitación

اطاق

la bolsa de dormir

بستره خواب سیار

la carpa

خیمه

la información turística

معلومات توریستی

la playa

ساحل

la tarjeta de crédito

کریدیت کارت

el desayuno

صبحانه

el almuerzo

طعام چاشت

la cena

غذای شام

el pasaje

تکت

el ascensor

لفت

el sello

مهر

la frontera

مرز

la aduana

گمرک

la embajada

سفارتخانه

la visa

ویزه

el pasaporte

پاسپورت

el transporte

حمل و نقل

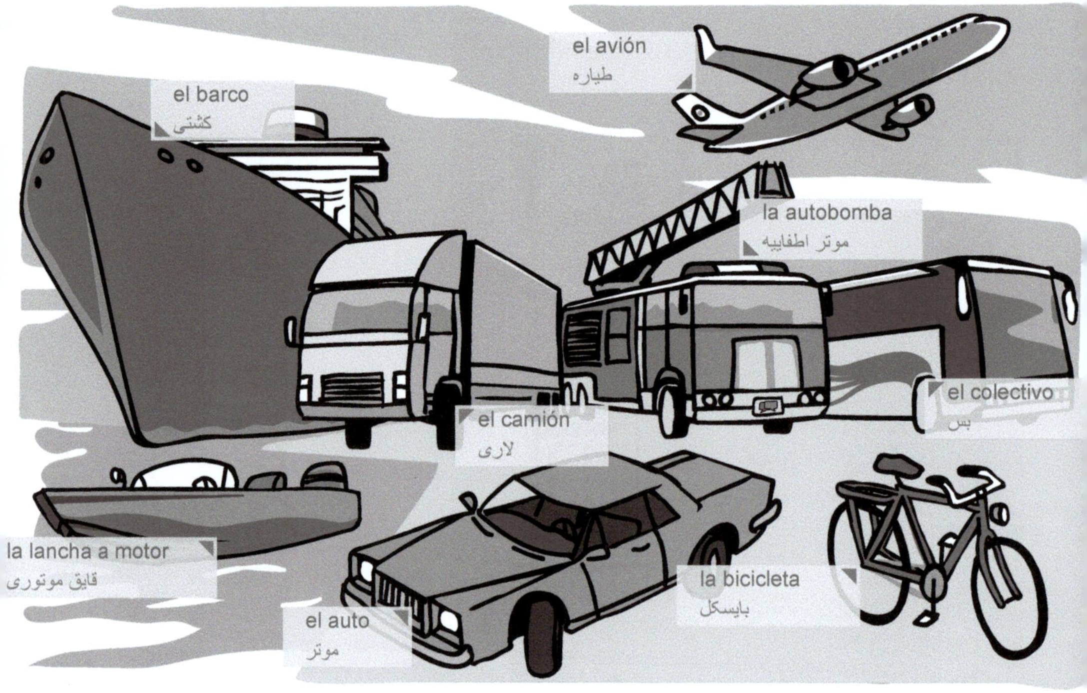

el avión
طیاره
el barco
کشتی
la autobomba
موتر اطفاییه
el colectivo
بس
el camión
لاری
la lancha a motor
قایق موتوری
la bicicleta
بایسکل
el auto
موتر

el ferry
....
کشتی

el bote
....
قایق

la moto
....
موترسایکل

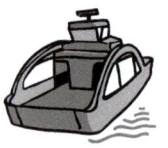

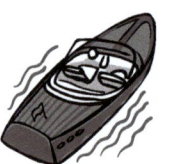

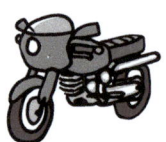

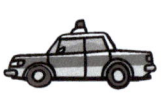

el patrullero
....
موتر پولیس

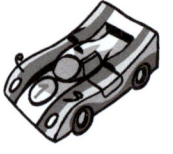

el auto de carreras
....
موتر مسابقه

el auto de alquiler
....
موتر کرایی

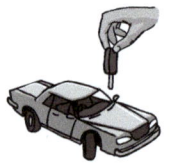

el alquiler de autos

اشتراک وسایط

la grúa

جرثقیل

el camión de la basura

موتر حمل زباله

el motor

موتور

la nafta

تیل

la estación de servicio

تانک تیل

la señal de tránsito

علامت ترافیکی

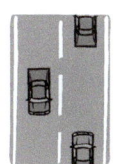

el tránsito

عبور و مرور

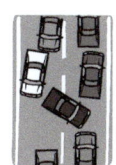

el embotellamiento

راهبندان

el estacionamiento

پارک وسایط

la estación de tren

ایستگاه ریل

las vías

خط ریل

el tren

ریل

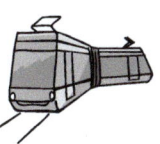

el tranvía

ریل برقی

el vagón

واگن

el helicóptero

هلیکوپتر

el aeropuerto

میدان هوایی

la torre

برج

el pasajero

مسافر

el contenedor

کانتینر

la caja de cartón

کارتن

la carretilla

گادی

la canasta

سبد

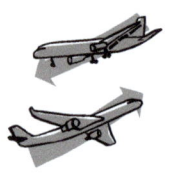

despegar / aterrizar

پرواز کردن / فرود آمدن

la ciudad

شهر

el pueblo

قریه

el centro de la ciudad

تیاتر شهر

la casa

خانه

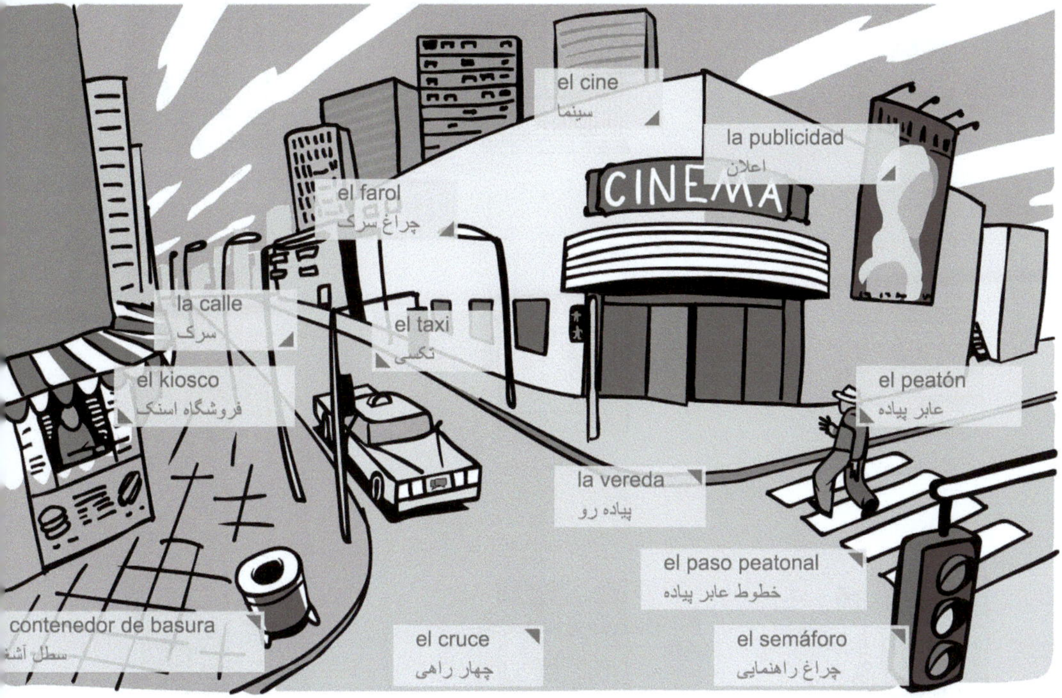

el cine
سینما

la publicidad
اعلان

el farol
چراغ سرک

la calle
سرک

el taxi
تکسی

el kiosco
فروشگاه اسنک

el peatón
عابر پیاده

la vereda
پیاده رو

el paso peatonal
خطوط عابر پیاده

contenedor de basura
سطل آشغ

el cruce
چهار راهی

el semáforo
چراغ راهنمایی

la cabaña
كلبه

el departamento
آپارتمان

la estación de tren
ایستگاه ریل

la municipalidad
تالار شهر

el museo
موزیم

el colegio
مكتب

la universidad

پوهنتون

el banco

بانک

el hospital

شفاخانه

el hotel

هوتل

la farmacia

دواخانه

la oficina

دفتر

la librería

کتابفروشی

el negocio

مغازه

la florería

گل فروشی

el supermercado

سوپر مارکیت

el mercado

فروشگاه

las grandes tiendas

فروشگاه

la pescadería

ماهی فروشی

el centro comercial

مرکز خرید

el puerto

بندر

el parque

پارک

el banco

چوکی دراز

el puente

پل

las escaleras

زینه ها

el subte

مترو

el túnel

تونل

la parada del colectivo

ایستگاه بس

el bar

میخانه

el restaurante

رستورانت

el buzón

صندوق پست

el letrero

علامت سرک

el parquímetro

ماشین پارکو متر

el zoológico

باغ وحش

la pileta

حوض آببازی

la mezquita

مسجد

la granja

مزرعه

la contaminación

آلوده گی

el cementerio

قبرستان

la iglesia

کلیسا

los juegos infantiles

میدان بازی

el templo

معبد

el paisaje

چشم انداز

la hoja

برگ

el poste indicador

لوحه

el camino

راه

la pradera

علفزار

la piedra

سنگ

el árbol

درخت

el excursionista

کوهنورد

el río

دریا

la hierba

علف

la flor

گل

el valle

درہ

la montaña

تپہ

el lago

دریاچہ

el bosque

جنگل

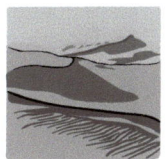

el desierto

صحرا

el volcán

آتشفشان

el castillo

قلعہ

el arco iris

رنگین کمان

el champiñón

سمارق

la palmera

درخت آلو

el mosquito

پشہ

la mosca

مگس

la hormiga

مورچہ

la abeja

زنبور

la araña

عنکبوت

el escarabajo

قانغوزک

la rana

بقه

la ardilla

موش خرما

el erizo

خارپشت

la liebre

خرگوش صحرایی

la lechuza

بوم

el pájaro

پرنده

el cisne

مرغابی

el jabalí

خوک وحشی

el ciervo

گوزن

el alce

گوزن شمالی

la presa

بند آب

el aerogenerador

توربین بادی

el panel solar

صفحه خورشیدی

el clima

آب و هوا

el restaurante

رستورانت

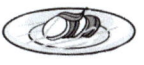

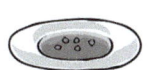

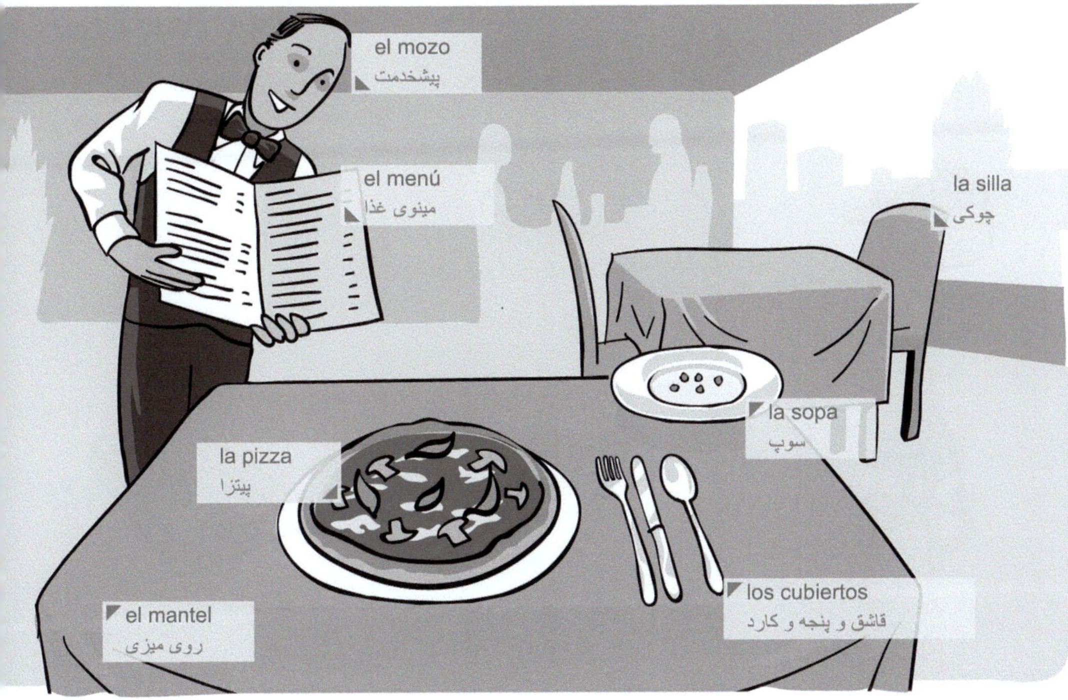
el mozo
پیشخدمت
el menú
مینوی غذا
la silla
چوکی
la sopa
سوپ
la pizza
پیتزا
el mantel
روی میزی
los cubiertos
قاشق و پنجه و کارد

la entrada

پیش غذا

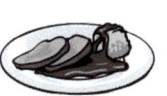

el plato principal

غذای اصلی

el postre

شرینی

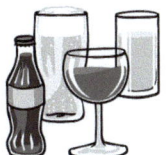

las bebidas

نوشیدنی ها

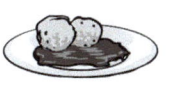

la comida

غذا

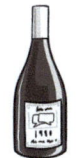

la botella

بوتل

la comida rápida

فاست فود

la comida callejera

غذای کنار سرک

la tetera

چاینک/ترموز

la azucarera

قندانی

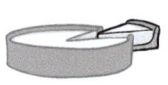

la porción

بخش غذا

la cafetera expreso

دستگاه اسپرسو

la sillita alta

چوکی بلند

la cuenta

بل

la bandeja

پطنوس

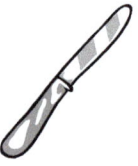

el cuchillo

چاقو

el tenedor

پنجه

la cuchara

قاشق

la cucharita

قاشق چای خوری

la servilleta

دستپاک دسترخوان یا میز

el vaso

گیلاس

el plato

بشقاب

el plato hondo

بشقاب سوپ

el plato

نعلبکی

la salsa

چتنی

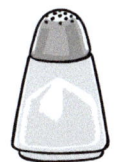

el salero

نمکدان

el molinillo de pimienta

آسیاب مرچ

el vinagre

سرکه

el aceite

روغن خوراکی

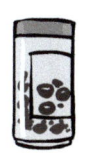

las especias

ادویه

el kétchup

کچاپ

la mostaza

ساس خردل

la mayonesa

مایونز

el supermercado

سوپر مارکیت

la oferta especial
پیشنهاد خاص
FOR
el cliente
مشتری
los lácteos
لبنیات
la fruta
میوه
el changuito
چرخ دستی

BUTCHERS

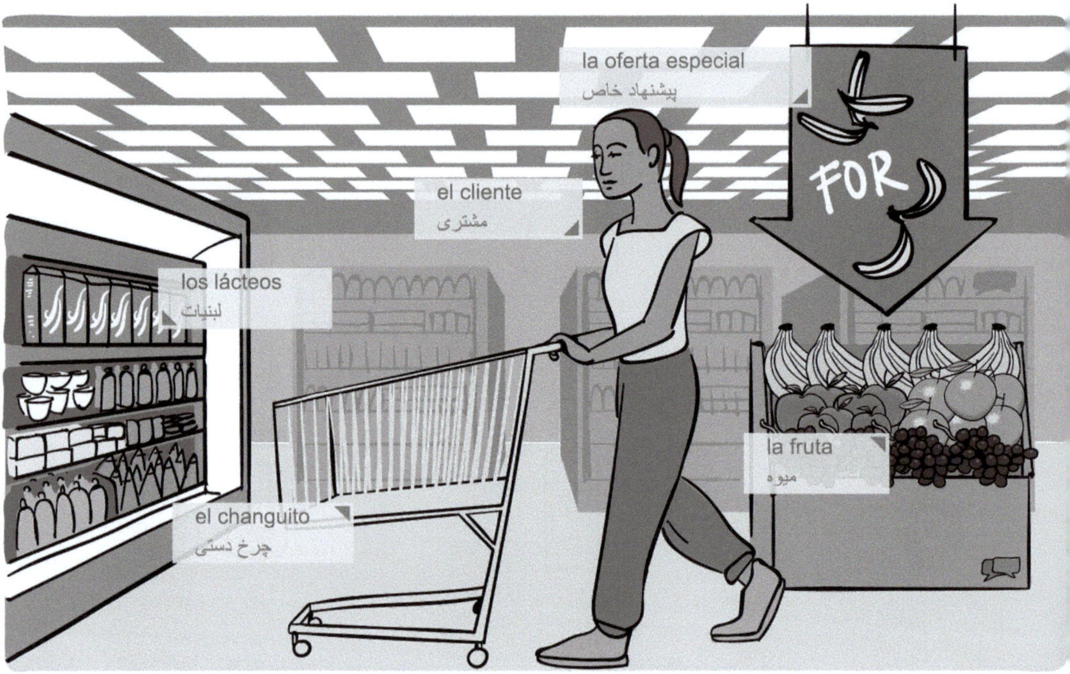

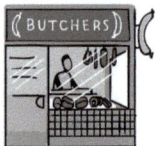

la carnicería

قصابی

BAKERY

la panadería

نانوایی

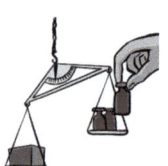

pesar

وزن کردن

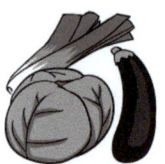

las verduras

سبزیجات

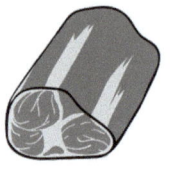

la carne

گوشت

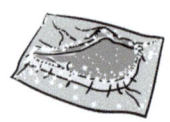

los alimentos congelados

غذای منجمد

los fiambres

غذای سرد

los alimentos enlatados

غذای کنسر شده

el detergente en polvo

پودر رختشویی

las golosinas

شیرینی

los electrodomésticos

لوازم خانگی

los productos de limpieza

محصولات پاک کننده

la vendedora

فروشنده

la caja

دخل پیسه

el cajero

صندوقدار

la lista de compras

لست خرید

el horario de atención

ساعات کاری

la billetera

بکسک جیبی

la tarjeta de crédito

کریدیت کارت

la cartera

بیگ

la bolsa de plástico

بیگ پلاستیکی

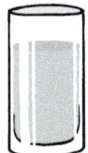

el agua

آب

el jugo

جوس

la leche

شیر

la bebida cola

نوشابه

el vino

شراب

la cerveza

بیر

el alcohol

الکول

el cacao

ککو

el té

چای

el café

قهوه

el café expreso

اسپرسو

el cappuccino

کاپوچینو

la banana

كيله

la manzana

سيب

la naranja

مالته

el melón

تربوز

el limón

ليمو

la zanahoria

زردگ

el ajo

سير

el bambú

چوب خيزران

la cebolla

پياز

el champiñón

سمارق

las nueces

مغزيات

los fideos

آش

los tallarines

مكرونى

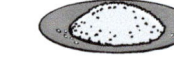

el arroz

برنج

la ensalada

سلاد

las papas fritas

چيپس

las papas fritas

كچالو سرخ كرده

la pizza

پيتزا

la hamburguesa

همبرگر

el sándwich

ساندويچ

el churrasco

كتلت

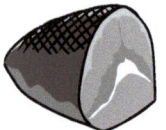

el jamón

همبرگر

el salame

سالامى

la salchicha

ساسج

el pollo

مرغ

el asado

كباب

el pescado

ماهى

los copos de avena

فرنی جو

el muesli

صبحانه رژیمی

los copos de maíz

کورن فلکس

la harina

آرد

la medialuna

کروسانت

el pancito

قرص نان

el pan

نان خشک

la tostada

توست / نان بریان

las galletitas

بیسکیت

la manteca

مسکه

la cuajada

چکه

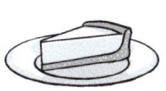

la torta

کیک

el huevo

تخم مرغ

el huevo frito

تخم مرغ سرخ شده

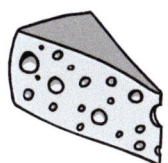

el queso

پنیر

el helado

آيسكريم

el azúcar

شكر

la miel

عسل

la mermelada

مربا

la pasta de chocolate

مسکه چاکلیت

el curry

زردچوبه هندی

la granja
مزرعه

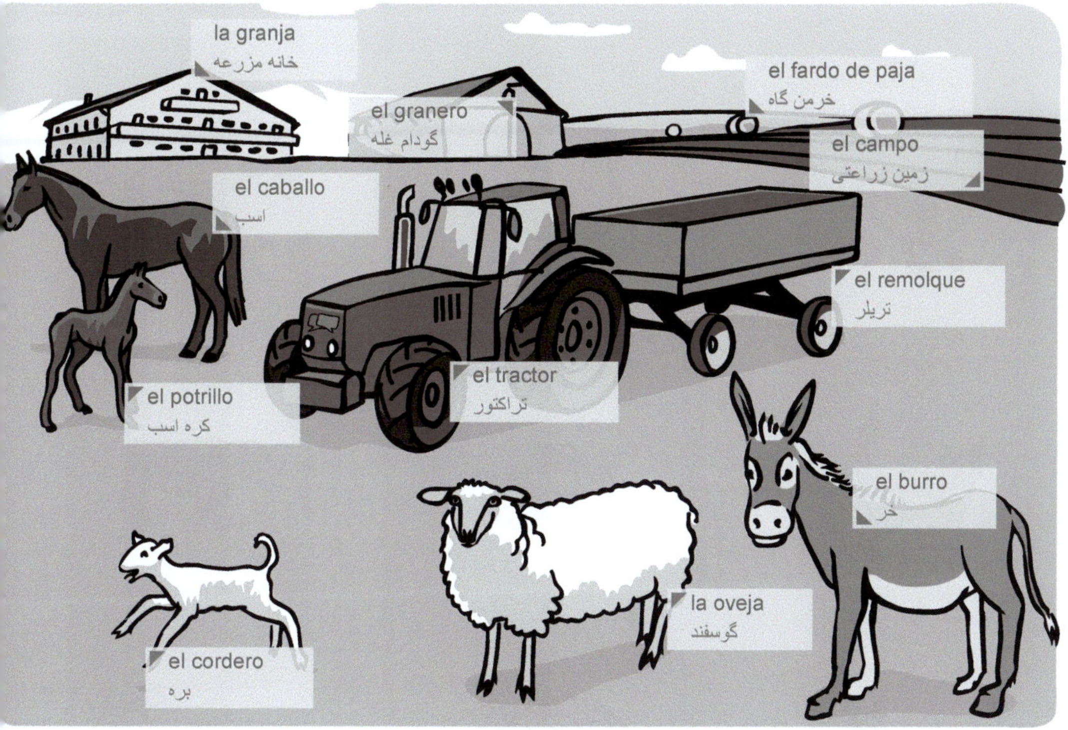
la granja
خانه مزرعه
el fardo de paja
خرمن گاه
el granero
گودام غله
el campo
زمین زراعتی
el caballo
اسب
el remolque
تریلر
el tractor
تراکتور
el potrillo
کره اسب
el burro
خر
la oveja
گوسفند
el cordero
بره

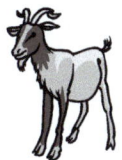

la cabra
بز

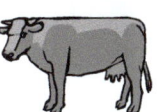

la vaca
گاو

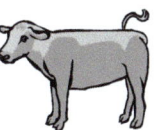

el ternero
گوساله

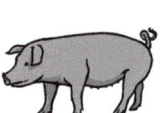

el cerdo
خوک

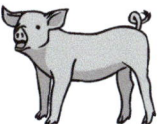

el lechón
خوکچه

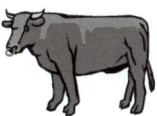

el toro
گاو نر

el ganso

قاز

el pato

مرغابی

el pollo

چوچه مرغ

la gallina

مرغ

el gallo

خروس

la rata

موش صحرایی

el gato

پیشک

el ratón

موش

el buey

گاومیش

el perro

سگ

la cucha

خانه سگ

la manguera

خانه باغ

la regadera

آبپاش

la guadaña

داس

el arado

قولبه كردن

la hoz

داس

la azada

کج بیل

la horquilla

چنگال باغبانی

el hacha

تبر

la carretilla

کراچی

el abrevadero

تغار

la lechera

قوطی شیر

la bolsa

بوجی

la reja

دیوار مرزی از چوب یا سیم خار دار

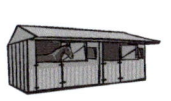

el establo

پایدار

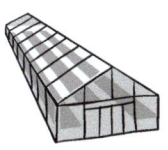

el invernadero

گلخانه

el suelo

خاک

la semilla

تخم

el fertilizador

کود

la cosechadora

ماشین درو وخرمنکوبی

la granja - مزرعه   29

cosechar

درو کردن

la cosecha

درو

las batatas

کچالو شرین

el trigo

گندم

la soja

سویا

la papa

کچالو

el maíz

جواری

la semilla de colza

کلزا

el árbol frutal

درخت میوه

la mandioca

مانیوک

los cereales

غلات و حبوبات

la casa
خانه

la chimenea
دودکش
el techo
پشت بام
el caño de desagüe
آب رو
la ventana
کلکین
el garaje
گراج
el timbre
زنگ دروازه
la puerta
دروازه
el tacho de basura
سطل زباله
el buzón
صندوق نامه
el jardín
باغچه

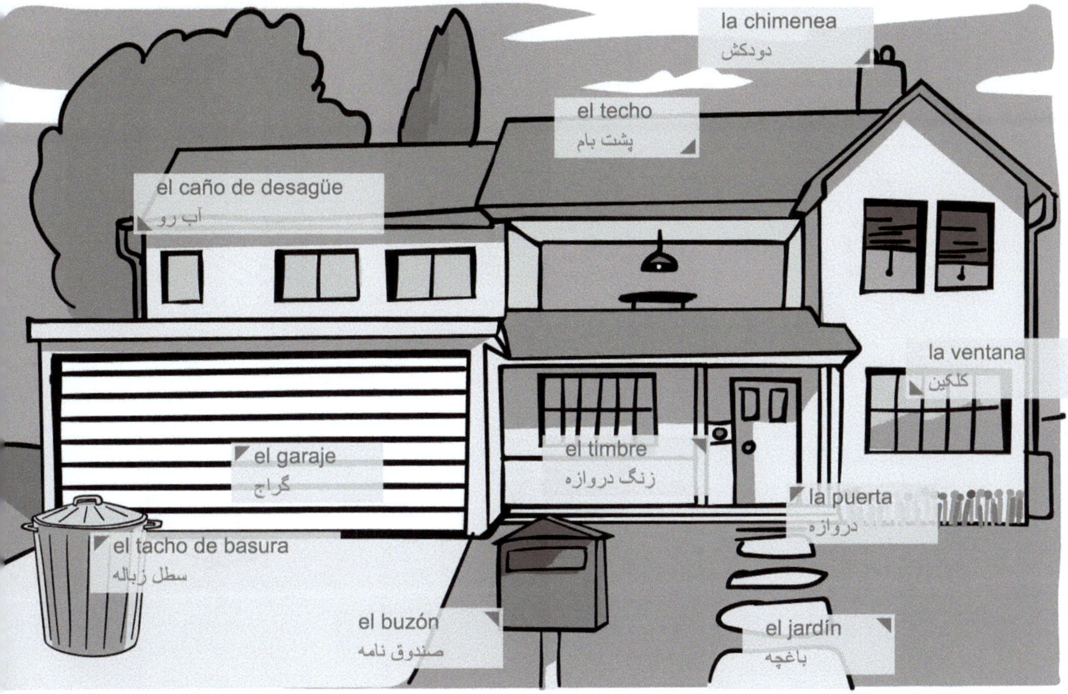

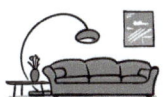

el living
اطاق نشیمن

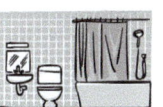

el baño
حمام / دستشویی

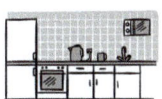

la cocina
آشپزخانه

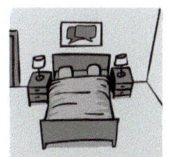

el dormitorio
اطاق خواب

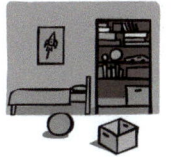

el cuarto de los chicos
اطاق اطفال

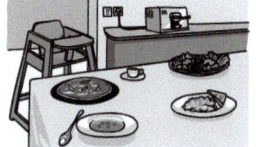

el comedor
اطاق پذیرایی

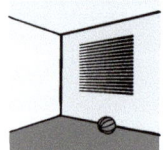

el piso

کف زمین

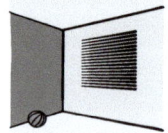

la pared

دیوار

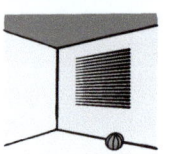

el cielorraso

سقف

el sótano

گودام زیر زمینی

el sauna

سونا

el balcón

بالکن

la terraza

برنده / بالکن

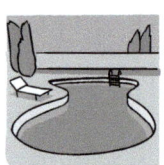

la pileta

حوض

la cortadora de pasto

ماشین درو کردن چمن

la sábana

ورق کاغذ

el acolchado

روجایی

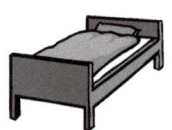

la cama

تختخواب

la escoba

جارو

el balde

سطل

el interruptor

سویچ

el living
اطاق نشیمن

el empapelado
کاغذ دیواری
la imagen
تصویر
la lámpara
چراغ
el estante
قفسه
el armario
کابینت
la televisión
تلویزیون
la chimenea
بخاری دیواری
la flor
گل
el almohadón
بالشت
el sofá
کوچ
el florero
گلدان
el control remoto
ریموت کنترول

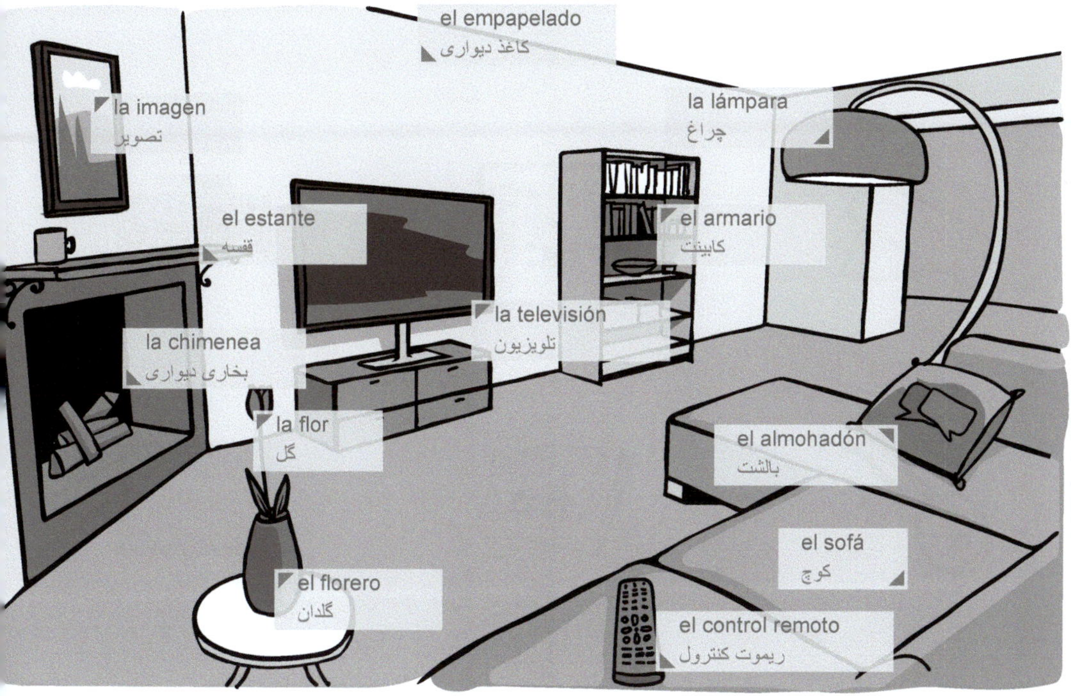

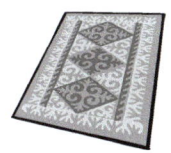

la alfombra

فرش

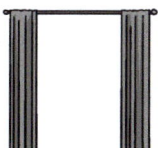

la cortina

پرده

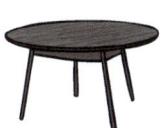

la mesa

میز

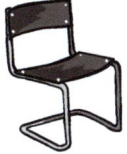

la silla

چوکی

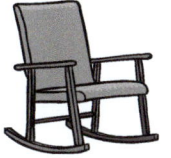

la mecedora

چوکی گهواره یی

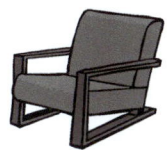

el sillón

چوکی دسته دار

el libro

كتاب

la frazada

كمپل

la decoración

دكوراسيون

la leña

هيزم

la película

فلم

el equipo de música

سيستم های فای

la llave

كليد

el diario

روزنامه

la pintura

تابلوى نقاشى

el póster

پوستر

la radio

رادیو

el cuaderno

دفتر

la aspiradora

جاروبرقى

el cactus

كاكتوس

la vela

شمع

la cocina
آشپزخانه

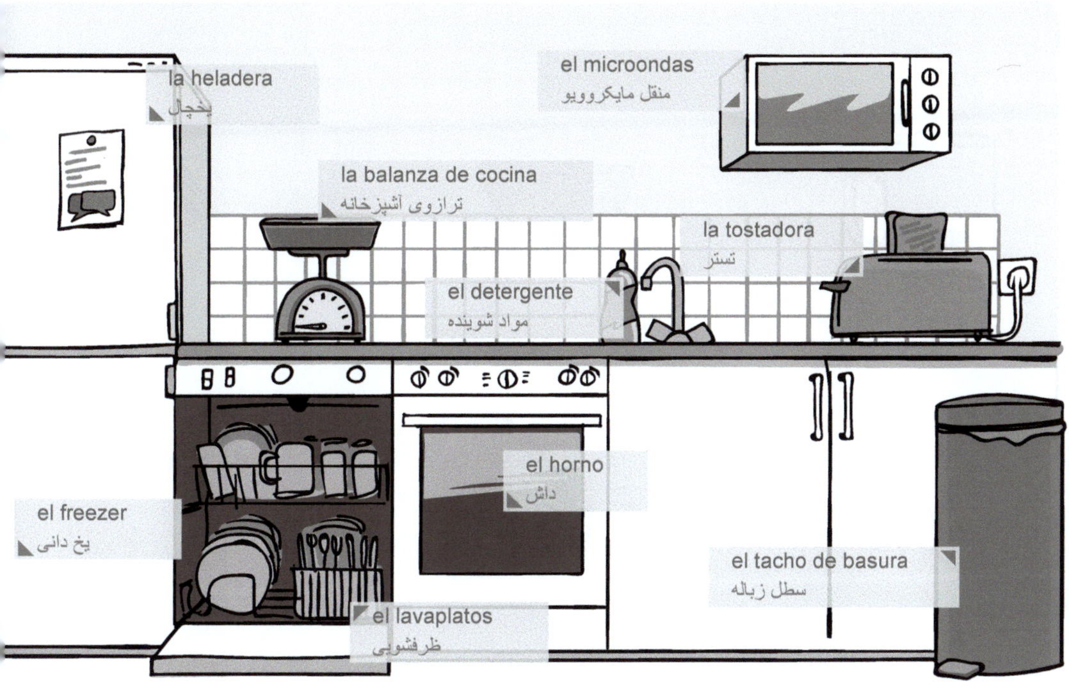

la heladera
یخچال
el microondas
منقل مایکروویو
la balanza de cocina
ترازوی آشپزخانه
la tostadora
تستر
el detergente
مواد شوینده
el horno
داش
el freezer
یخ دانی
el tacho de basura
سطل زباله
el lavaplatos
ظرفشویی

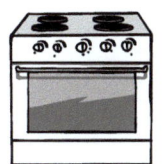

la cocina
منقل

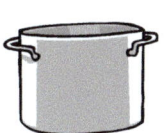

la olla
دیگ

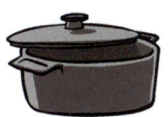

la olla de hierro fundido
دیگ چدنی

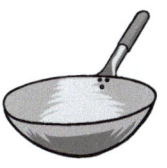

el wok
کراهی

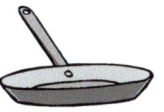

la sartén
تابه

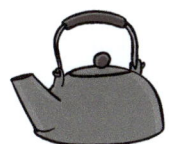

la pava
چای جوش

la vaporera

بخارپز

la bandeja de horno

پطنوس طباخی

la vajilla

ظروف

la taza

پیاله کلان

el bol

کاسه

los palitos

چاپستیک ها

el cucharón

ملاقه

la espátula

کفگیر

la batidora

مخلوط کننده

el colador

چلو صاف

el colador

غلبیل

el rallador

رنده

el mortero

هاونگ

la parrilla

بار بیکیو

la fogata

آتش باز

la tabla de picar

تخته برش

el palo de amasar

آشگز

el sacacorchos

سر بازکن

la lata

قوطی

el abrelatas

سر باز کن

la manopla

دستگیره تکه ای

la pileta

ظرف شویی

el cepillo

برس ظرف شویی

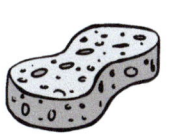

la esponja

اسفنج

la batidora

مخلوط کن

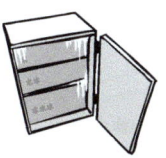

el congelador

فریزر

la mamadera

شیر چوشک اطفال

la canilla

نل آب

el baño

حمام / دستشویی

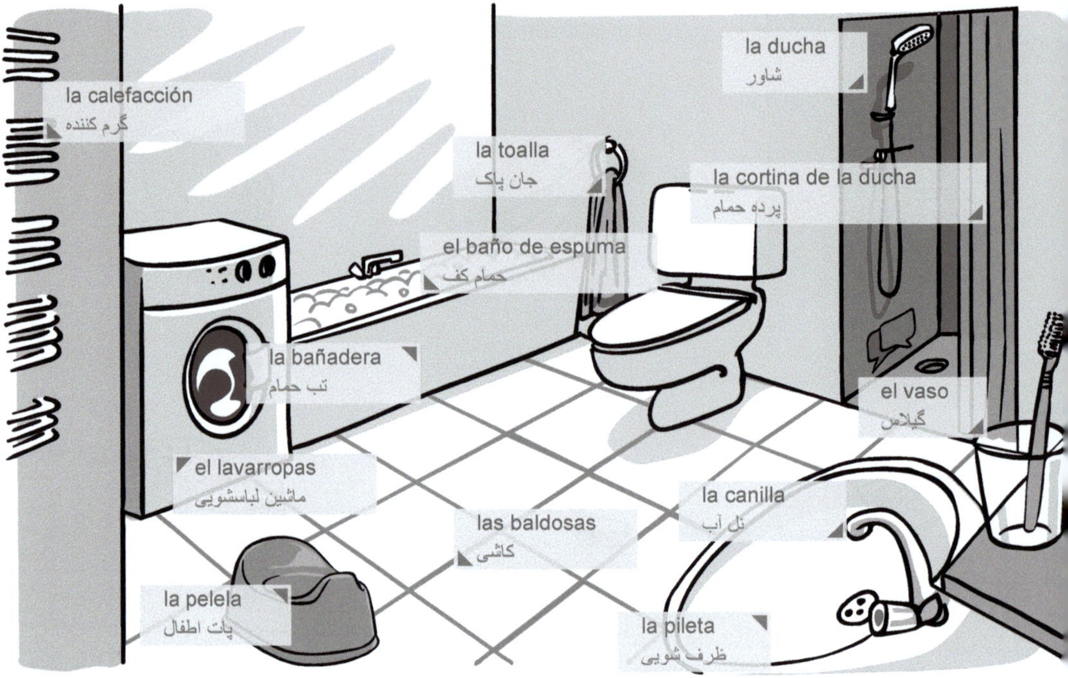

la calefacción
گرم کننده
la ducha
شاور
la toalla
جان پاک
la cortina de la ducha
پرده حمام
el baño de espuma
حمام کف
la bañadera
تب حمام
el vaso
گیلاس
el lavarropas
ماشین لباسشویی
la canilla
نل آب
las baldosas
کاشی
la pelela
پات اطفال
la pileta
ظرف شویی

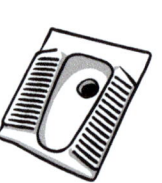

el inodoro

تشناب

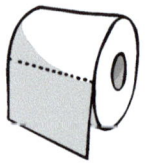

la letrina

کمود فرشی

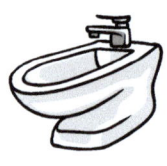

el bidé

کمود

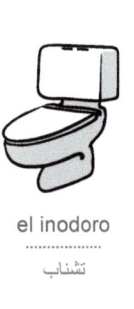

el mingitorio

تشناب مرد ها

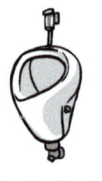

el papel higiénico

کاغذ تشناب

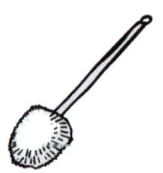

el cepillo para el inodoro

برس کمود

el cepillo de dientes

برس دندان

el dentífrico

کریم دندان

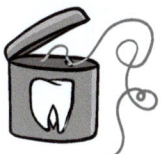

el hilo dental

نخ دندان

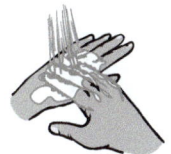

lavar

شستن

la ducha de mano

شاور دستی

la ducha higiénica

شاور کمود

la palangana

دستشویی

el cepillo para la espalda

برس پشت

el jabón

صابون

el gel de ducha

ژل حمام

el shampoo

شامپو

la toallita

لیف

el desagüe

آب رو

la crema

کریم

el desodorante

بوزدا

el espejo

آینه

el espejito

أینه دستی

la maquinita de afeitar

ریش تراش

la espuma de afeitar

کف ریش تراشی

el aftershave

کلونیا

el peine

شانه موی

el cepillo

برس

el secador de pelo

سشوار

el spray

اسپری مو

el maquillaje

آرایش

el lápiz de labios

لب سرین

el esmalte para uñas

رنگ ناخن

el algodón

پشم پنبه

la tijera para uñas

ناخن گیر

el perfume

عطر

el portacosméticos

کیسه شستشو

la banqueta

چوکی چار پایه

la balanza

ترازوی وزن

la bata

جان پاک

los guantes de goma

دستکش پلاستیکی

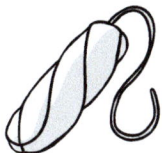

el tampón

تامپون

la toallita femenina

کوتکس

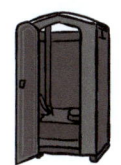

el baño químico

تشناب سیار

el cuarto de los chicos

اطاق اطفال

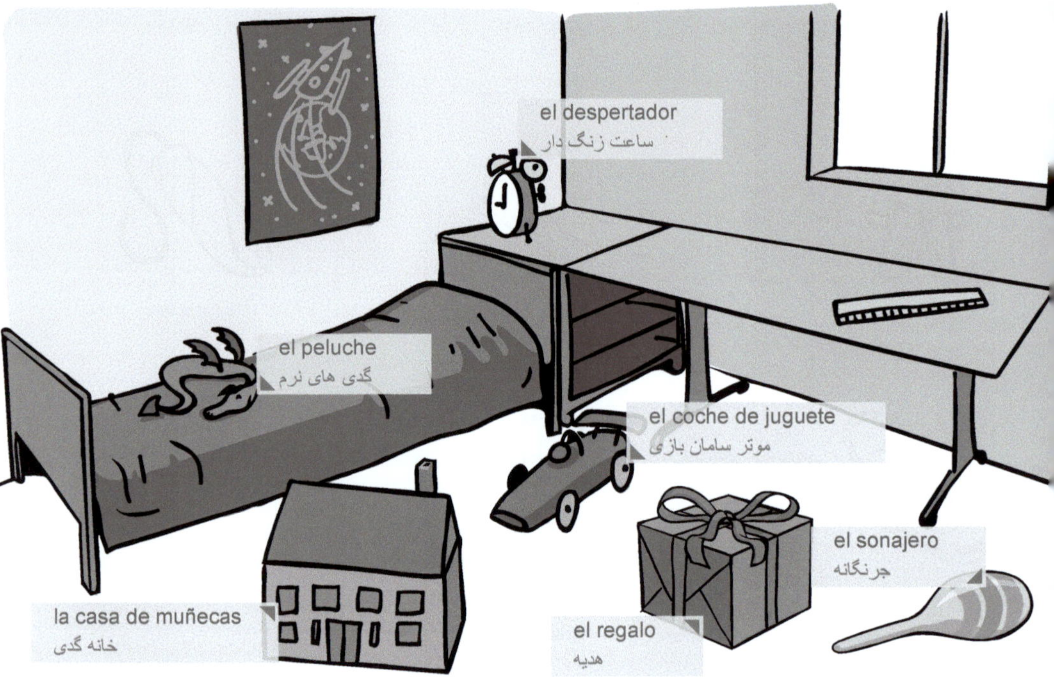

el despertador
ساعت زنگ دار
el peluche
گدی های نرم
el coche de juguete
موتر سامان بازی
el sonajero
جرنگانه
la casa de muñecas
خانه گدی
el regalo
هدیه

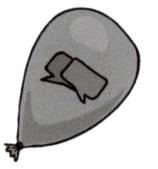

el globo

پوقانه

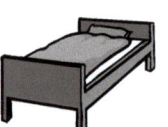

la cama

تختخواب

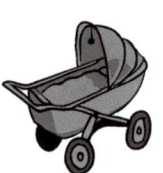

el cochecito

ریکشه اطفال

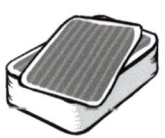

las cartas

قطعه بازی

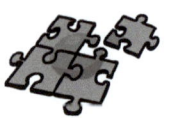

el rompecabezas

پازل

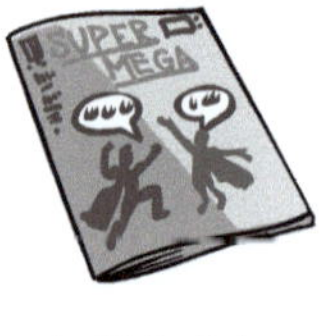

la historieta

خنده آور

las piezas de lego

خشت های لگو

los ladrillos de juguete

بلوک های سامان بازی

la figura de acción

بچه فلم

el enterito (de bebé)

لباس طفل

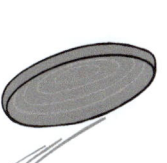

el frisbee

فریزبی

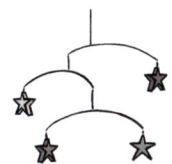

el móvil para bebés

سامان بازی که روی تخت خواب اطفال
اویزان می شود

el juego de mesa

بازی تخته یی

los dados

تاس

el tren eléctrico

ریل اسباب بازی

el chupete

چوشک

la fiesta

مهمانی

el libro de cuentos ilustrado

كتاب تصویری

la pelota

توپ

la muñeca

گدیگک

jugar

بازی کردن

el arenero

جعبه ریگ

la hamaca

گاز

los juguetes

اسباب بازی

la consola de videojuegos

کنسول بازی کمپیوتری

el triciclo

سه چرخه

el osito de peluche

خرس سامان بازی

el armario

الماری لباس

la ropa

لباس

las medias

جوراب

las medias panty

جوراب دراز

las calzas

برجس

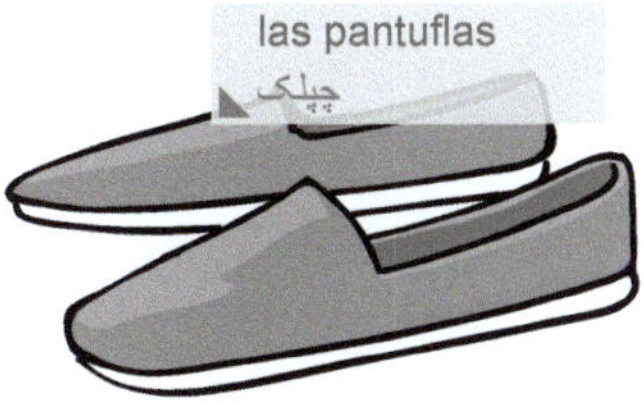

la bufanda
چادر سر

el paraguas
چتری

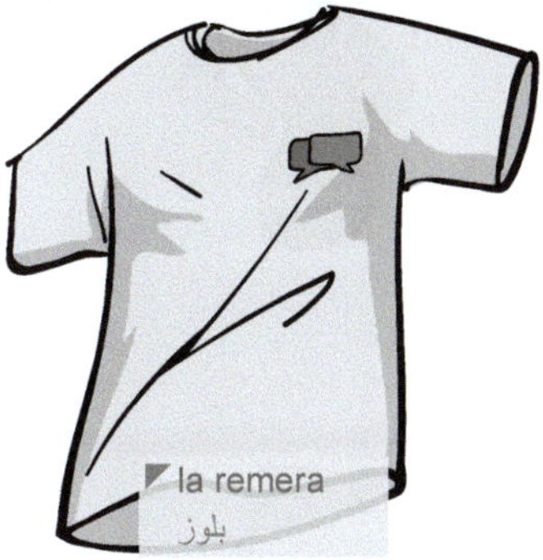

la remera
بلوز

el cinturón
کمربند

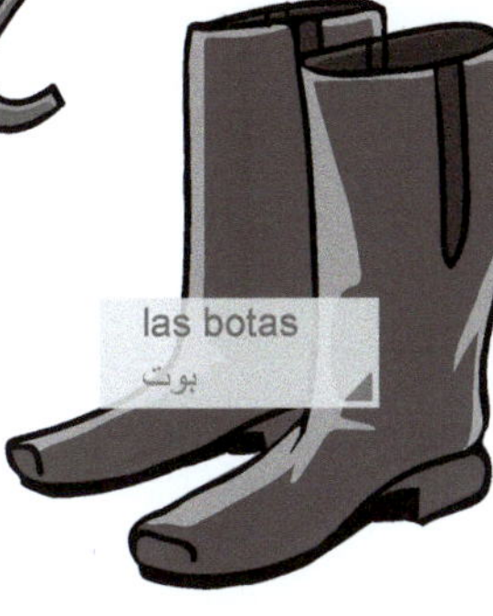

las botas
بوت

las pantuflas
چپلک

las zapatillas
کرمچ

las sandalias
چپلی

los zapatos
بوت

las botas de goma
موزه پلاستیکی

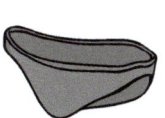

la ropa interior
نیکر

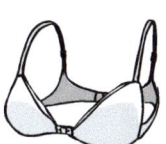

el corpiño
واسکت زنانه

el chaleco
واسکت

el body

بدن

los pantalones

برزو

los jeans

پتلون کاوبای

la pollera

دامن

la blusa

بلوز

la camisa

پیراهن

el pulóver

پالان

el buzo

جاکت کلاه دار

el blazer

جاکت

la campera

چمپر

el tapado

کورتی

el piloto

کوت بارانی

el traje

لباس مخصوص مراسم

el vestido

پیراهن

el vestido de novia

لباس عروسی

el traje

دریشی

el camisón

لباس خواب

el pijama

پاجامه

el sari

ساری

el pañuelo para la cabeza

چادر سر

el turbante

لنگی

la burka

چادری

el caftán

کفتان

la abaya

چادر

el traje de baño

لباس آببازی

el short de baño

نیکر پاچه دار

los shorts

پتلون نصفه

el jogging

لباس ورزشی

el delantal

پیش بند

los guantes

دستکش

el botón

دکمه

los anteojos

عینک

la pulsera

دستبند

el collar

گردن بند

el anillo

انگشتر

el aro

گوشواره

la gorra

کلاه پیک دار

la percha

کوت بند

el sombrero

کلاه

la corbata

نیکتایی

el cierre

زیپ

el casco

کلاه مصون

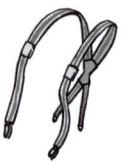

los tiradores

بند تنبان

el uniforme escolar

یونیفورم مکتب

el uniforme

یونیفورم

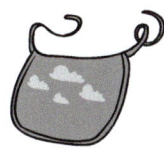

el babero
....
پیش بند

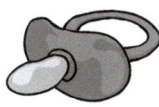

el chupete
....
چوشک

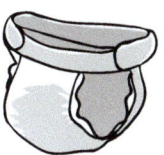

el pañal
....
پمپر

la oficina
دفتر

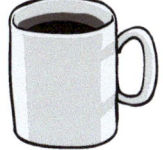

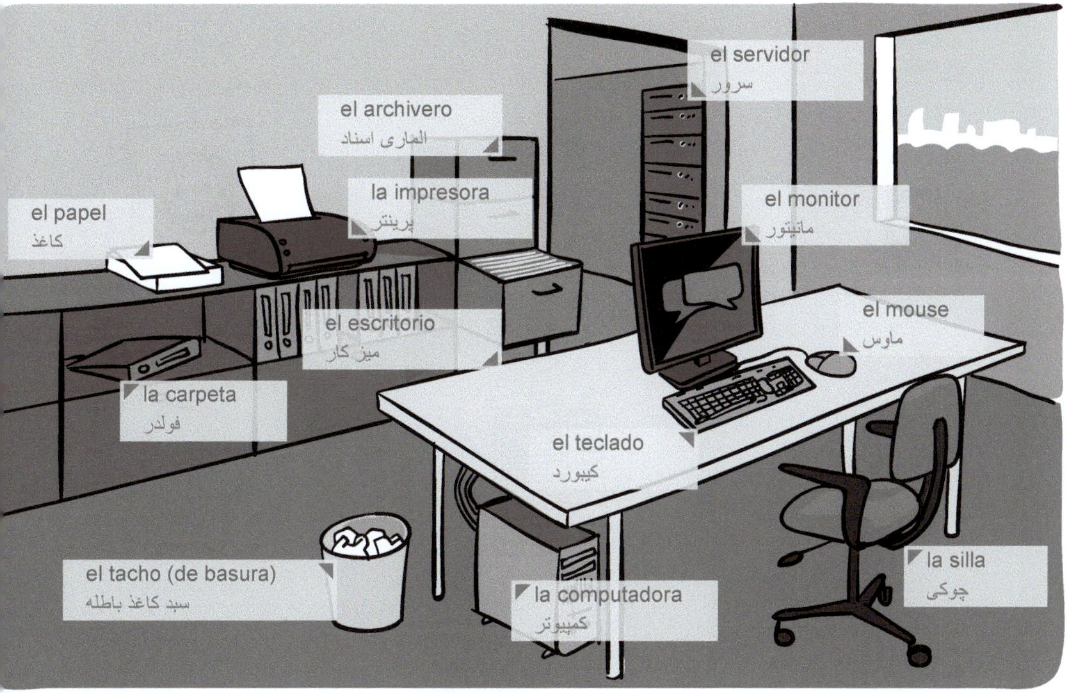

el servidor
سرور
el archivero
الماری اسناد
la impresora
پرینتر
el papel
کاغذ
el monitor
مانیتور
el mouse
ماوس
el escritorio
میز کار
la carpeta
فولدر
el teclado
کیبورد
la silla
چوکی
el tacho (de basura)
سبد کاغذ باطله
la computadora
کمپیوتر

la taza de café
....
گیلاس قهوه

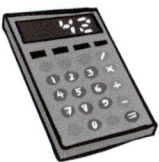

la calculadora
....
ماشین حساب

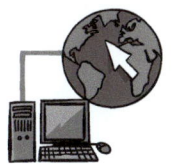

el internet
....
اینترنت

la laptop

لپ تاپ

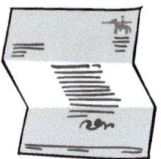

la carta

نامه

el mensaje

پیام

el celular

موبایل

la red

شبکه

la fotocopiadora

ماشین فوتوکپی

el software

نرم افزار

el teléfono

تلیفون

el tomacorriente

پلک

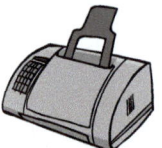

el fax

دستگاه فکس

el formulario

فورمه

el documento

سند

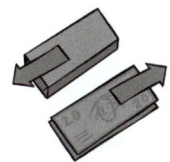

comprar

خرید کردن

pagar

پرداختن

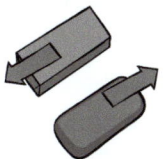

hacer negocios

تجارت کردن

el dinero

پول

el dólar

دالر

el euro

يورو

el yen

ين

el rublo

روبل

el franco suizo

فرانک سوئيس

el yuan

يوان رنمينبی

la rupia

روپيه

el cajero automático

خودپرداز

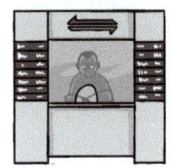

la casa de cambio

دفتر صرافی

el oro

طلا

la plata

نقره

el petróleo

نفت

la energía

انرژی

el precio

قیمت

el contrato

قرارداد

el impuesto

مالیات

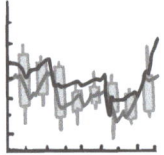

la acción

سهام

trabajar

کار کردن

el empleado

کارمند

el empleador

استخدام کننده

la fábrica

فابریکه

el negocio

مغازه

las ocupaciones
شغل ها

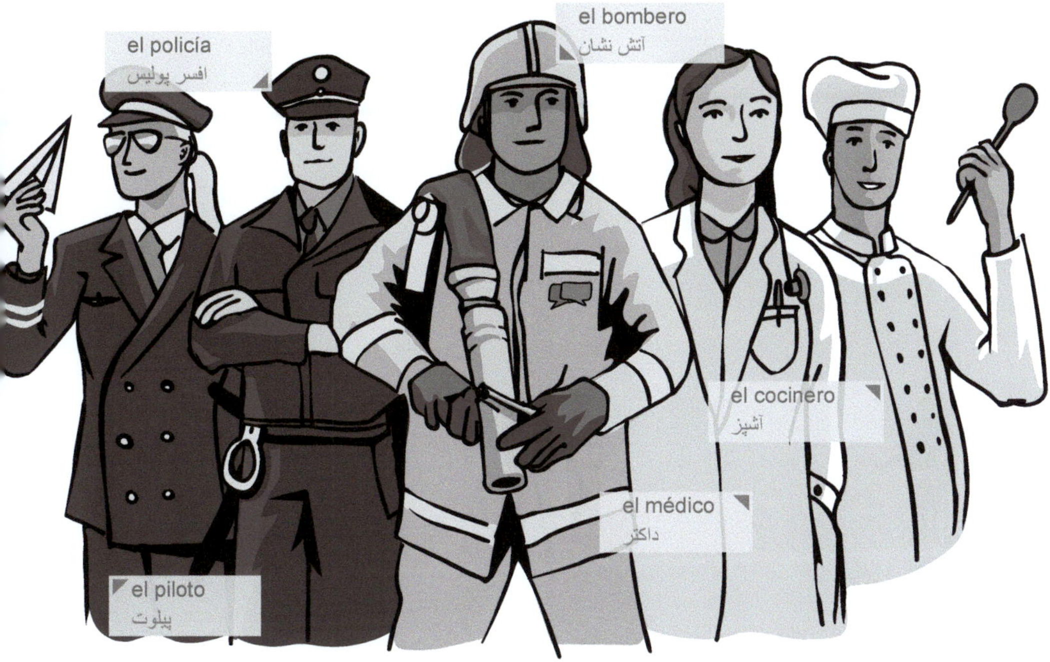
el policía
افسر پولیس
el bombero
آتش نشان
el cocinero
آشپز
el médico
داکتر
el piloto
پیلوت

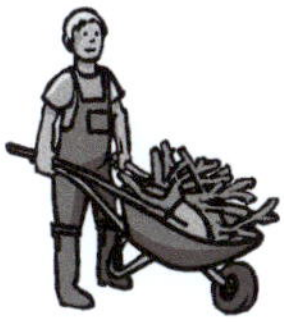

el jardinero

باغبان

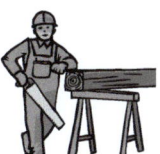

el carpintero

نجار

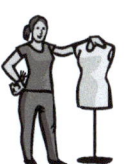

la modista

خیاط

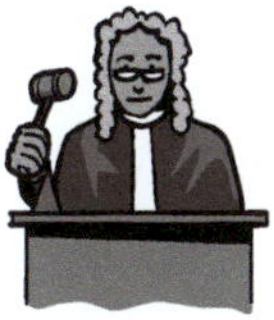

el juez

قاضی

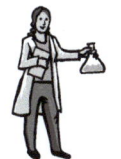

el farmacéutico

کیمیا دان

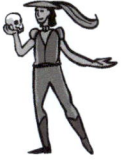

el actor

بازیگر

el colectivero

راننده بس

el taxista

راننده تکسی

el pescador

ماهیگیر

la mucama

خدمه

el techista

سقف ساز

el mozo

پیشخدمت

el cazador

شکارچی

el pintor

نقاش

el panadero

نانوا

el electricista

برقی

el albañil

بنا

el ingeniero

انجنیر

el carnicero

قصاب

el plomero

نلدوان

el cartero

پستچی

el soldado

سرباز

el arquitecto

معمار

el cajero

صندوقدار

el florista

گل فروش

el peluquero

آرایشگر

el cobrador

مامور تکت ریل

el mecánico

میخانیک

el capitán

کاپیتان

el dentista

داکتر دندان

el científico

دانشمند

el rabino

خاخام/ عالم یهودی

el imán

امام

el monje

راهب

el sacerdote

ملا

las herramientas

ابزار

el martillo
چکش
la tenaza
پلاس
el destornillador
پیچ کش
la linterna
چراغ دستی
la llave
رینچ

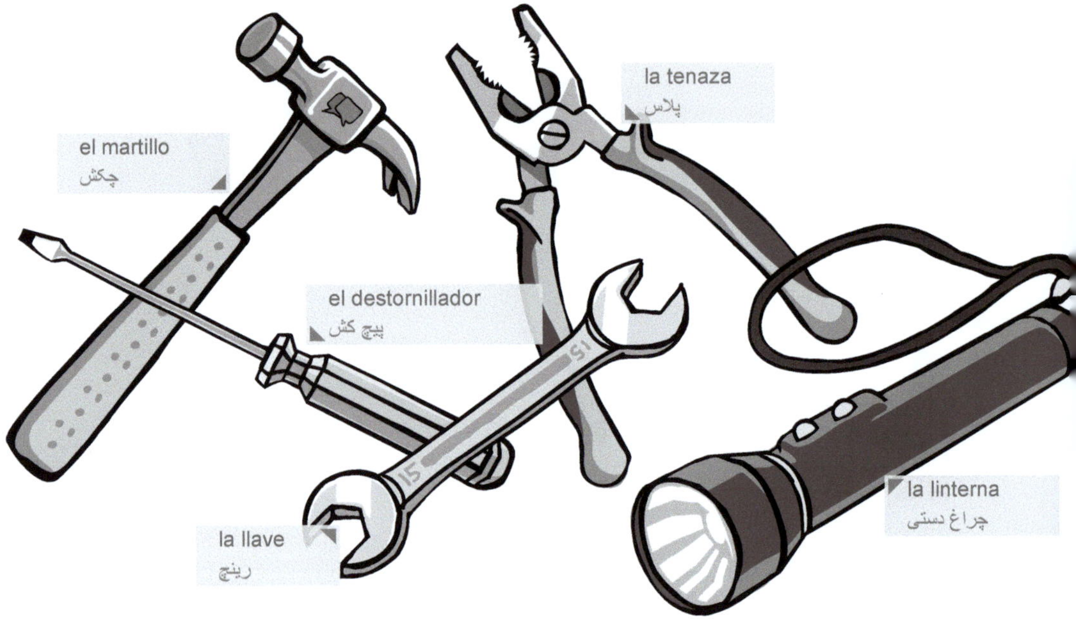

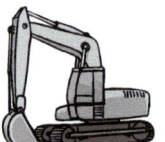

la excavadora

ماشین حفاری

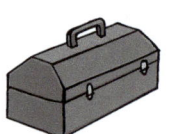

la caja de herramientas

جعبه ابزار

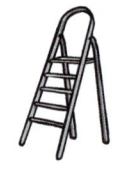

la escalera portátil

زینه

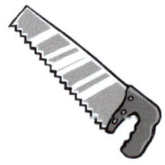

la sierra

اره

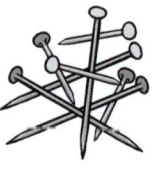

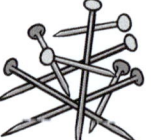

los clavos

میخ

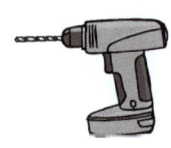

el taladro

برمه

arreglar

ترمیم کردن

la pala de jardín

بیل

¡Qué bronca!

لعنتی!

la pala de plástico

خاکروبه

el tacho de pintura

سطل رنگ

los tornillos

پیچ

los instrumentos musicales

آلات موسیقی

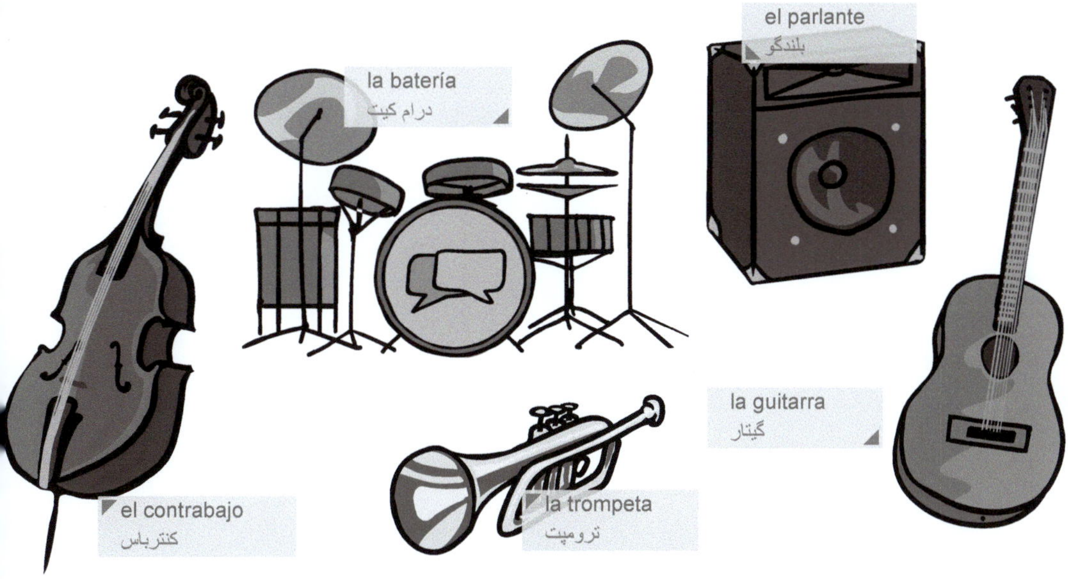

el parlante
بلندگو

la batería
درام کیت

el contrabajo
کنترباس

la trompeta
ترومپت

la guitarra
گیتار

el piano

پیانو

el violín

وایلن

el bajo

گیتار بیس

los timbales

دهل

el tambor

دول

el teclado

پیانوی برقی

el saxofón

ساکسوفون

la flauta

توله

el micrófono

میکروفون

el zoológico

باغ وحش

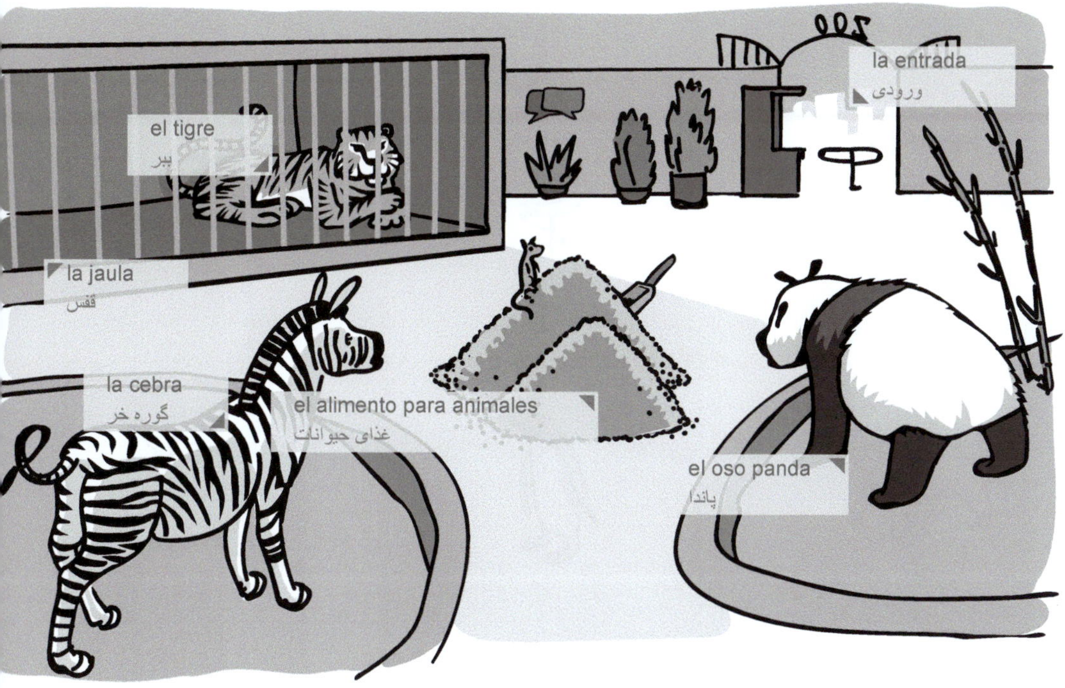
la entrada
ورودی
el tigre
ببر
la jaula
قفس
la cebra
گوره خر
el alimento para animales
غذای حیوانات
el oso panda
پاندا

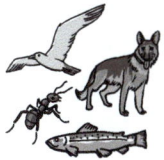

los animales

حیوانات

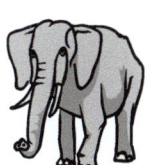

el elefante

فیل

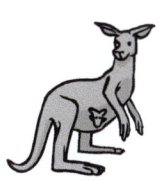

el canguro

کانگورو

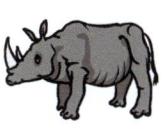

el rinoceronte

غژ گاو

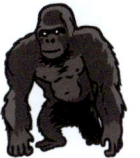

el gorila

گوریلا

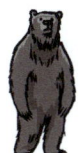

el oso

خرس

el camello

شتر

el avestruz

شترمرغ

el león

شیر

el mono

میمون

el flamenco

فلامینگو

el loro

طوطی

el oso polar

خرس قطبی

el pingüino

پنگوئن

el tiburón

کوسه

el pavo real

طاووس

la serpiente

مار

el cocodrilo

تمساح

el cuidador del zoológico

نگهبان باغ وحش

la foca

سگ آبی

el jaguar

پلنگ خالدار امریکایی

el poni

اسب کوچک

el leopardo

پلنگ

el hipopótamo

اسب آبی

la jirafa

زرافه

el águila

عقاب

el jabalí

خوک وحشی

el pescado

ماهی

la tortuga

سنگ پشت

la morsa

شیر دریایی

el zorro

روباه

la gacela

غزال

el fútbol americano
فوتبال امریکایی

el ciclismo
بایسکل سواری

el tenis
تنیس

el básquet
باسکتبال

la natación
آب بازی

el boxeo
بوکس

el hockey sobre hielo
هاکی روی یخ

el fútbol
فوتبال

el bádminton
بدمینتون

el atletismo
ورزشکاری

el handball
هندبال

el esquí
اسکی

el polo
پولو

reír
خندیدن

saltar
خیز زدن

abrazar
بغل کردن

caminar
راه رفتن

cantar
خواندن

soñar
خواب دیدن

rezar
دعا کردن

besar
بوسیدن

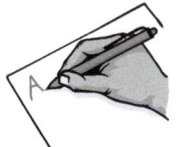

escribir

نوشتن

dibujar

کشیدن

mostrar

نشان دادن

presionar

تیله کردن

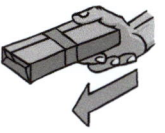

dar

دادن

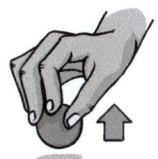

tomar

گرفتن

tener

داشتن

hacer

انجام دادن

ser

بودن

estar parado

ایستادن

correr

دویدن

tirar

کش کردن

tirar

پرتاب کردن

caer

افتادن

estar acostado

دروغ گفتن

esperar

صبر کردن

llevar

حمل کردن

estar sentado

نشستن

vestirse

لباس پوشیدن

dormir

خوابیدن

despertar

بیدار شدن

mirar

نگاه کردن

llorar

گریه کردن

acariciar

ضربه زدن

peinar

شانه کردن

hablar

صحبت کردن

entender

فهمیدن

preguntar

پرسیدن

escuchar

گوش دادن

beber

نوشیدن

comer

خوردن

ordenar

مرتب کردن

amar

عشق ورزیدن

cocinar

پختن

manejar

راننده گی کردن

volar

پرواز کردن

navegar

روی آب حرکت کردن

calcular

حساب کردن

leer

خواندن

aprender

یاد گرفتن

trabajar

کار کردن

casarse

ازدواج کردن

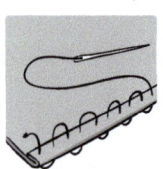

coser

دوختن

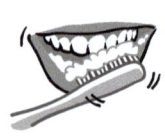

cepillarse los dientes

برس کردن دندان ها

matar

کشتن

fumar

سگریت کشیدن

enviar

فرستادن

la familia
فامیل

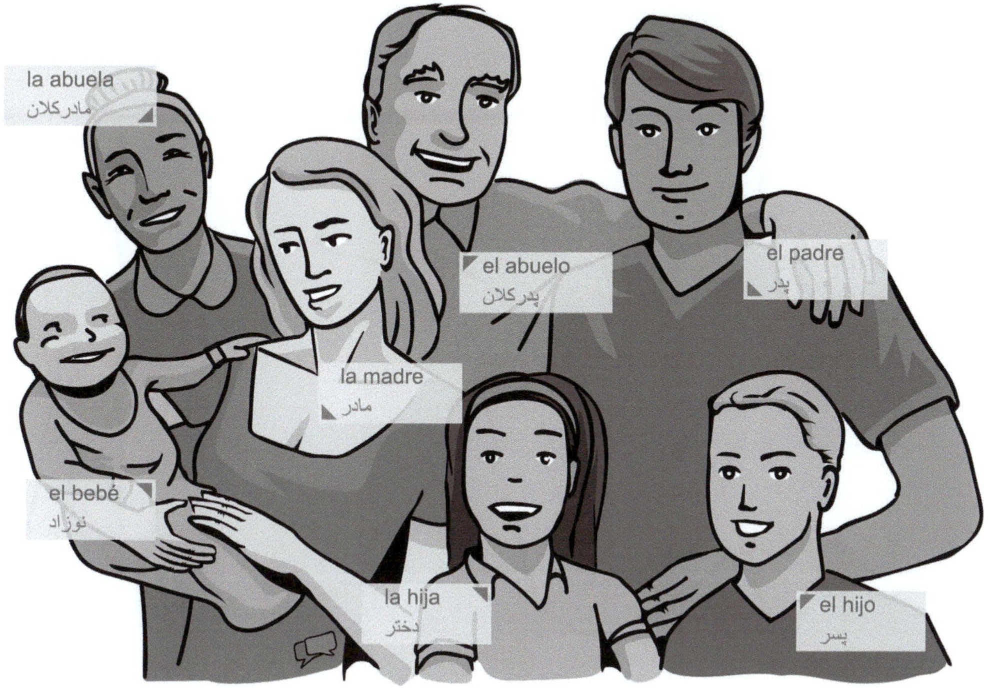
la abuela
مادرکلان
el abuelo
پدرکلان
el padre
پدر
la madre
مادر
el bebé
نوزاد
la hija
دختر
el hijo
پسر

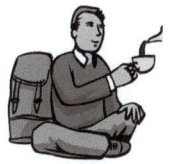

el invitado

مهمان

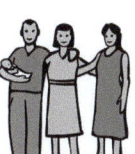

la tía

عمه / خاله

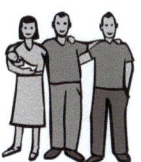

el tío

ماما/کاکا

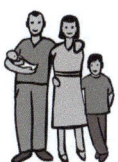

el hermano

برادر

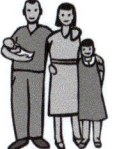

la hermana

خواهر

el cuerpo

بدن

la frente
پیشانی
el ojo
چشم
el hombro
شانه
el dedo
انگشت
la cara
روی
la pera
زنخ
la mano
دست
la pierna
پا
el pecho
سینه
el brazo
بازو

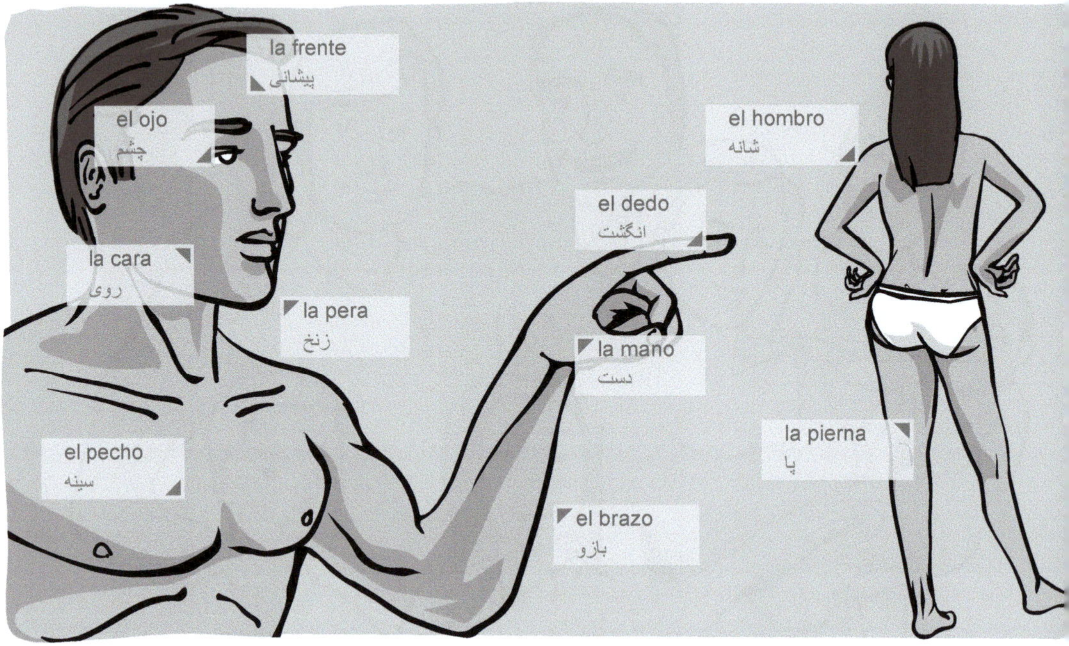

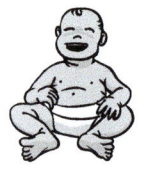

el bebé
نوزاد

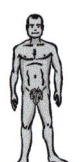

el hombre
مرد

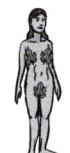

la mujer
زن

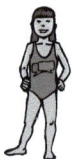

la nena
دختر

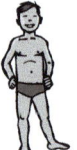

el nene
پسر

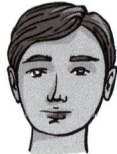

la cabeza
سر

la espalda

كمر

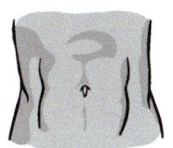

la panza

شكم

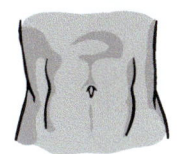

el ombligo

ناف

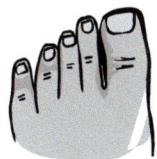

el dedo del pie

انگشت پا

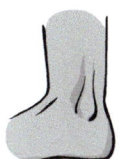

el talón

كوری پای

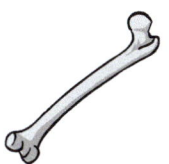

el hueso

استخوان

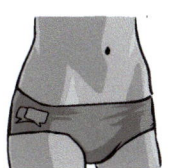

la cadera

كمر

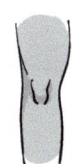

la rodilla

زانو

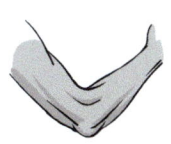

el codo

آرنج

la nariz

بينی

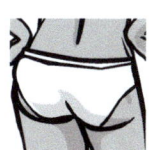

la cola

سرين

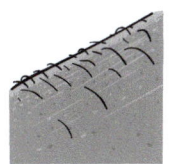

la piel

پوست

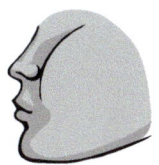

el cachete

كومه

la oreja

گوش

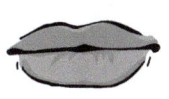

el labio

لب

la boca

دهان

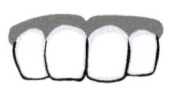

el diente

دندان

la lengua

زبان

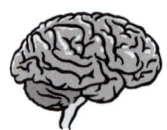

el cerebro

مغز

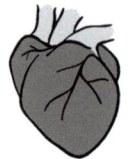

el corazón

قلب

el músculo

عضله

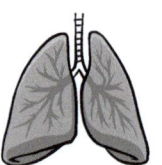

el pulmón

شش

el hígado

جگر

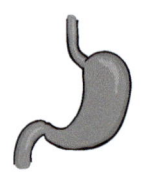

el estómago

معده

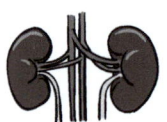

los riñones

گرده

el sexo

رابطه جنسی

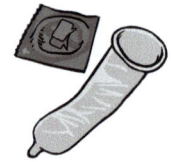

el preservativo

كاندوم

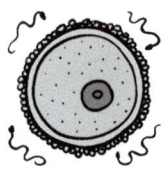

el óvulo

تخمه

el semen

آب منى

el embarazo

حاملگی

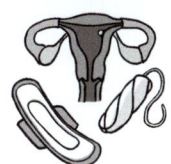

la menstruación

قاعده گی

la vagina

مجرای تناسلی زن

el pene

آلت تناسلی مرد

la ceja

ابرو

el pelo

مو

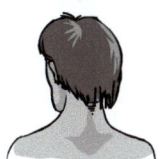

el cuello

گردن

el hospital
شفاخانه

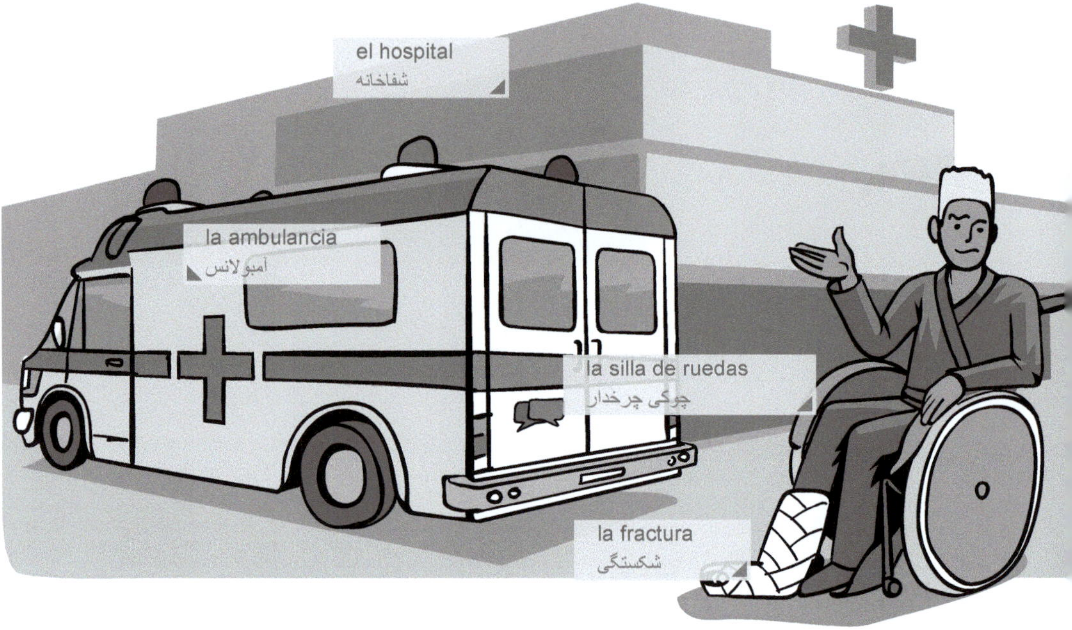

el hospital
شفاخانه
la ambulancia
آمبولانس
la silla de ruedas
چوکی چرخدار
la fractura
شکستگی

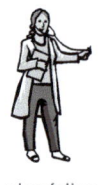

el médico
داکتر

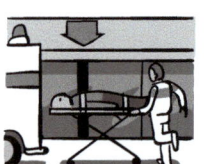

la sala de guardia
اطاق عاجل

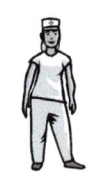

la enfermera
نرس

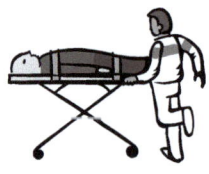

la emergencia
عاجل

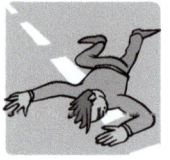

inconsciente
بیهوش

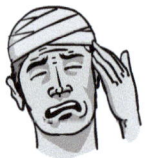

el dolor
درد

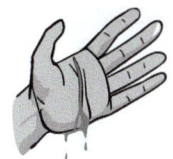

la lesión

جراحت

la hemorragia

خونریزی

el infarto

حمله قلبی

el ACV

سکته مغزی

la alergia

حساسیت

la tos

سرفه

la fiebre

تب

la gripe

انفلوانزا

la diarrea

اسهال

el dolor de cabeza

سردرد

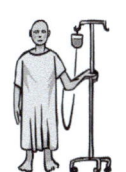

el cáncer

سرطان

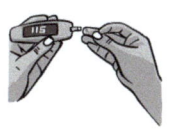

la diabetes

شکر

el cirujano

جراح

el bisturí

چاقوی جراحی

la operación

عملیات

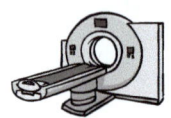

la TC

سی تی

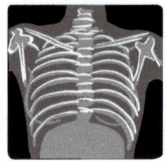

los rayos x

ایکسری

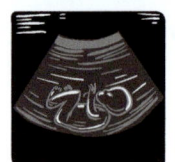

la ecografía

سونوگرافی

el barbijo

ماسک روی

la enfermedad

مریضی

la sala de espera

اطاق انتظار

la muleta

عصا

la curita

گچ

la venda

پانسمان

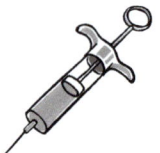

la inyección

تزریق

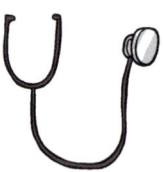

el estetoscopio

استاتسکوپ

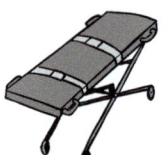

la camilla

تذکره

el termómetro

ترماميتر کلينيکی

el nacimiento

تولد

el sobrepeso

اضافه وزن

el audífono

سمعک

el desinfectante

ضدعفونی کننده

la infección

عفونت

el virus

وایروس

el VIH / SIDA

اچ آی وی / ایدز

el remedio

ادویه

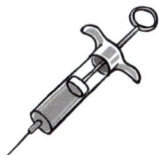

la vacunación

واکسیناسیون

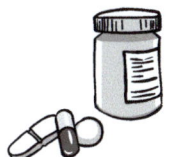

los comprimidos

تابلیت ها

la pastilla anticonceptiva

تابلیت

la llamada de emergencia

تماس اضطراری

el tensiómetro

مانیتور فشار خون

enfermo / sano

بیمار / سالم

¡Ayuda!

كمك!

la alarma

زنگ هشدار

la agresión

تجاوز

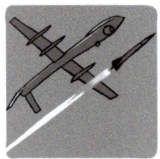

el ataque

حمله

el peligro

خطر

la salida de emergencia

خروج اضطراری

¡Fuego!

آتش!

el matafuego

آله ضد حریق

el accidente

حادثه

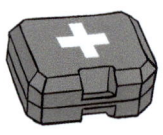

el botiquín de primeros auxilios

بکسه کمک های اولیه

el SOS

پیام اضطراری

la policía

پولیس

Europa

اروپا

América del Norte

امریکای شمالی

América del Sur

امریکای جنوبی

África

آفریقا

Asia

آسیا

Australia

استرالیا

el Atlántico

اقیانوس اطلس

el Pacífico

اقیانوس آرام

el Océano Índico

اقیانوس هند

el Océano Antártico

اقیانوس منجمد جنوبی

el Océano Ártico

اقیانوس منجمد شمالی

el polo norte

قطب شمال

el polo sur

قطب جنوب

la Antártida

قاره قطب جنوب

la Tierra

زمین

la tierra

خشکی

el mar

دریا

la isla

جزیره

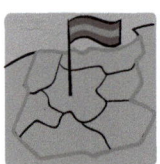

la nación

ملت

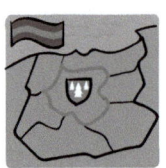

el estado

كشور

la esfera

روی ساعت

la manecilla de las horas

عقربه ساعت شمار

el minutero

عقربه دقیقه شمار

el segundero

عقربه ثانیه شمار

¿Qué hora es?

ساعت چند است؟

el día

روز

la hora

زمان

ahora

اکنون

el reloj digital

ساعت دستی دیجیتل

el minuto

دقیقه

la hora

ساعت

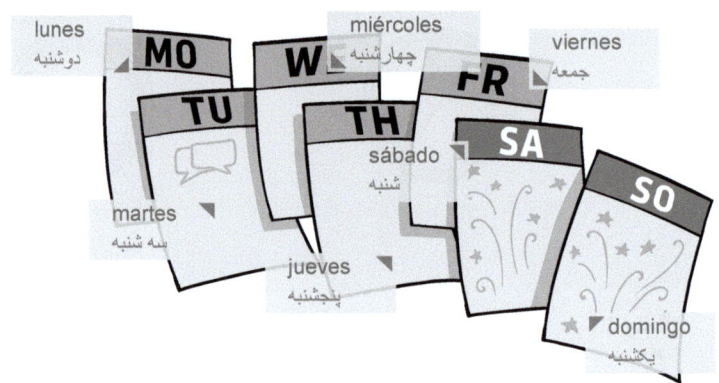

lunes
دوشنبه

miércoles
چهارشنبه

viernes
جمعه

martes
سه شنبه

jueves
پنجشنبه

sábado
شنبه

domingo
یکشنبه

ayer
·····················
دیروز

hoy
·····················
امروز

mañana
·····················
فردا

la mañana
·····················
صبح

el mediodía
·····················
ظهر

la tarde
·····················
غروب

MO	TU	WE	TH	FR	SA	SU
1	2	3	4	5	6	7
8	9	10	11	12	13	14
15	16	17	18	19	20	21
22	23	24	25	26	27	28
29	30	31	1	2	3	4

los días hábiles
·····················
روزهای کاری

MO	TU	WE	TH	FR	SA	SU
1	2	3	4	5	6	7
8	9	10	11	12	13	14
15	16	17	18	19	20	21
22	23	24	25	26	27	28
29	30	31	1	2	3	4

el fin de semana
·····················
آخر هفته

el año

سال

el arco iris
رنگین کمان
la lluvia
باران
la nieve
برف
el viento
شمال
la primavera
بهار
el otoño
خزان
el verano
تابستان
el invierno
زمستان

4.APRIL 11°
5.APRIL 4°
6.APRIL 13°
7.APRIL 8°
8.APRIL 10°

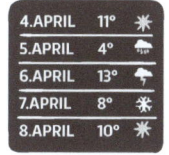

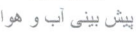

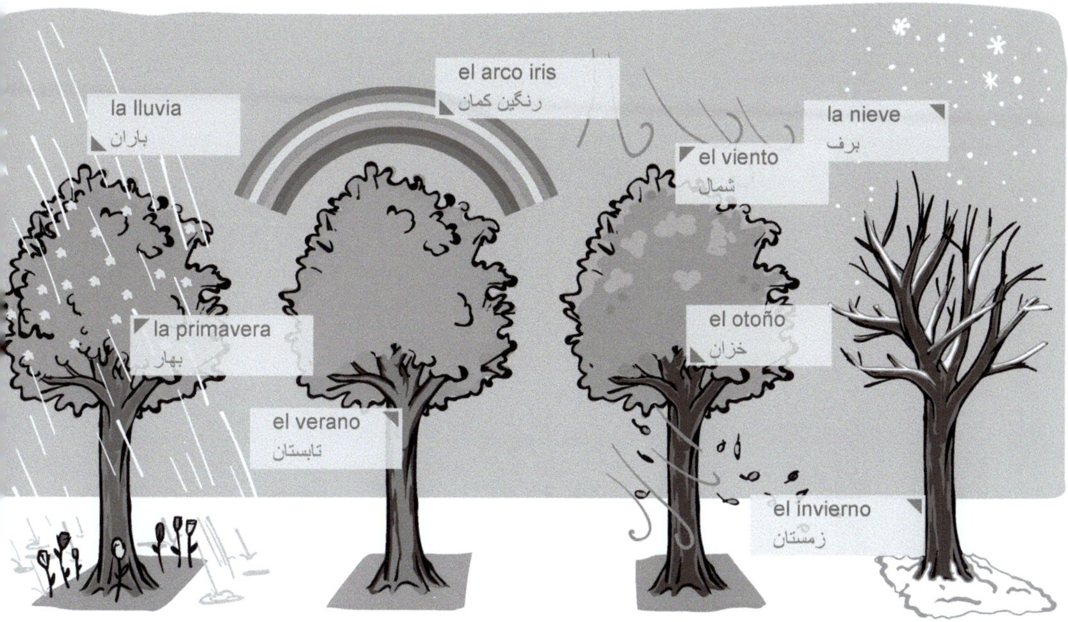

el pronóstico meteorológico

....

پیش بینی آب و هوا

F C
120 40
90 30
60 20
30 10
0 0
-30 -10
-20

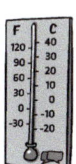

el termómetro

....

ترمامیتر

la luz del sol

....

آفتاب

la nube

....

ابر

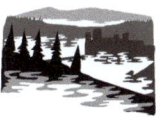

la niebla

....

غبار

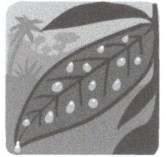

la humedad

....

رطوبت

el rayo

رعد و برق

el trueno

الماسک

la tormenta

طوفان

el granizo

ژاله

el monzón

موسم بارندگی

la inundación

سیل

el hielo

یخ

enero

جنوری

febrero

فبروری

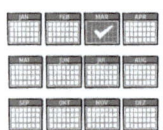

marzo

مارچ

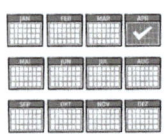

abril

اپریل

mayo

می

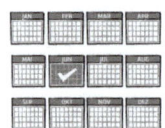

junio

جون

julio

جولای

agosto

اگست

septiembre

سپتمبر

octubre

اكتوبر

noviembre

نومبر

diciembre

دسمبر

las formas

شكل ها

el círculo

دايره

el cuadrado

مربع

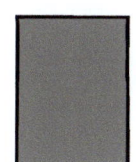

el rectángulo

مستطيل

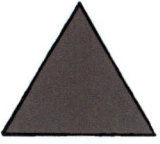

el triángulo

مثلث

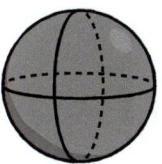

la esfera

كره

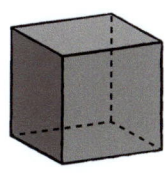

el cubo

مكعب

blanco

سفید

amarillo

زرد

naranja

نارنجی

rosa

گلابی

rojo

سرخ

violeta

بنفش

azul

آبی

verde

سبز

marrón

نصواری/قهوه یی

gris

خاکستری

negro

سیاه

mucho / poco

زیاد / کم

enojado / tranquilo

عصبانی / آرام

lindo / feo

مقبول / بدرنگ

el principio / el fin

آغاز / پایان

grande / chico

بزرگ / کوچک

claro / oscuro

روشن / تیره

el hermano / la hermana

برادر / خواهر

limpio / sucio

پاک / کثیف

completo / incompleto

کامل / ناقص

el día / la noche

روز / شب

muerto / vivo

مرده / زنده

ancho / angosto

عریض / باریک

comestible / no comestible

خوراکی / غیر خوراکی

malo / amable

عصبانی / دوستانه

entusiasmado / aburrido

هیجان زده / کسل

gordo / flaco

چاق / لاغر

primero / último

اول / آخر

el amigo / el enemigo

دوست / دشمن

lleno / vacío

پر / خالی

duro / blando

سخت / نرم

pesado / liviano

سنگین / سبک

el hambre / la sed

گرسنگی / تشنگی

enfermo / sano

بیمار / سالم

ilegal / legal

غیر قانونی / قانونی

inteligente / estúpido

باهوش / احمق

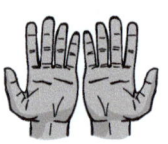

izquierda / derecha

چپ / راست

cerca / lejos

نزدیک / دور

nuevo / usado

نو / کهنه

nada / algo

هیچ چیز / چیزی

viejo / joven

پیر / جوان

encendido / apagado

روشن / خاموش

abierto / cerrado

باز / بسته

silencioso / ruidoso

بی صدا / پر سر و صدا

rico / pobre

ثروتمند / فقیر

correcto / incorrecto

صحیح / غلط

áspero / suave

ناهموار / هموار

triste / contento

غمگین / خوشحال

corto / largo

کوتاه / بلند

lento / rápido

آهسته / سریع

mojado / seco

تر / خشک

caliente / frío

گرم / سرد

guerra / paz

جنگ / صلح

los opuestos - متضاد ها

0

cero

صفر

1

uno

یک

2

dos

دو

3

tres

سه

4

cuatro

چهار

5

cinco

پنج

6

seis

شش

7

siete

هفت

8

ocho

هشت

9

nueve

نه

10

diez

ده

11

once

یازده

12

doce

دوازده

13

trece

سیزده

14

catorce

چهارده

15

quince

پانزده

16

dieciséis

شانزده

17

diecisiete

هفده

18

dieciocho

هجده

19

diecinueve

نوزده

20

veinte

بیست

100

cien

صد

1.000

mil

هزار

1.000.000

el millón

میلیون

el inglés

انگلیسی

el inglés americano

انگلیسی امریکایی

el chino mandarín

چینی ماندارین

el hindi

هندی

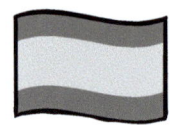

el español

اسپانیایی

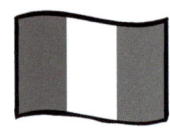

el francés

فرانسوی

el árabe

عربی

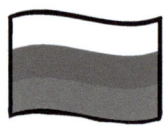

el ruso

روسی

el portugués

پرتغالی

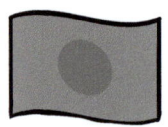

el bengalí

بنگالی

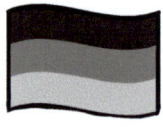

el alemán

آلمانی

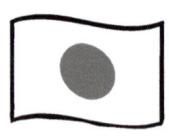

el japonés

جاپانی

yo

من

vos

شما

él / ella

او / او / آن

nosotros

ما

ustedes

شما

ellos

آن ها

¿quién?

کی؟

¿qué?

چی؟

¿cómo?

چطور؟

¿dónde?

کجا؟

¿cuándo?

چه وقت؟

el nombre

اسم

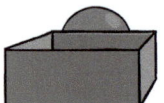

detрás

عقب

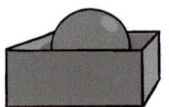

en

در

adelante de

پیش روی

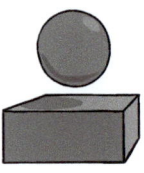

por encima de

بالا

sobre

روی

debajo de

زیر

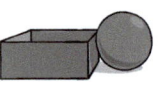

al lado de

پهلو

entre

میان

el lugar

محل